人文社科
高校学术研究论著丛刊

信息化时代师范生教育技术
能力培养及技术创新应用研究

贾晓婷　马莲姑　著

中国书籍出版社
China Book Press

图书在版编目（CIP）数据

信息化时代师范生教育技术能力培养及技术创新应用

研究 / 贾晓婷，马莲姑著 . -- 北京：中国书籍出版社，

2022.11

ISBN 978-7-5068-9295-7

Ⅰ.①信…　Ⅱ.①贾…②马…　Ⅲ.①师范教育 – 教

育技术 – 能力培养 – 教学研究　Ⅳ.① G43

中国版本图书馆 CIP 数据核字（2022）第 213343 号

信息化时代师范生教育技术能力培养及技术创新应用研究

贾晓婷　马莲姑　著

丛书策划	谭　鹏　武　斌
责任编辑	李　新
责任印制	孙马飞　马　芝
封面设计	东方美迪
出版发行	中国书籍出版社
地　　址	北京市丰台区三路居路 97 号（邮编：100073）
电　　话	（010）52257143（总编室）　　（010）52257140（发行部）
电子邮箱	eo@chinabp.com.cn
经　　销	全国新华书店
印　　厂	三河市德贤弘印务有限公司
开　　本	710 毫米 ×1000 毫米　1/16
字　　数	226 千字
印　　张	13.75
版　　次	2023 年 3 月第 1 版
印　　次	2023 年 7 月第 2 次印刷
书　　号	ISBN 978-7-5068-9295-7
定　　价	82.00 元

目　录

第一章 教育信息化与移动学习的诞生

　　随着教育技术的发展,研究人员不断尝试将技术应用于教学,使枯燥静态的学习内容能够生动地展现在学生面前,从而大大提高教学效果。另一方面,这种应用也对教师提出了更高的要求。我们必须找到现代教育技术与学科整合的最佳结合,实现课堂教学的优化。"现代教育技术"是20世纪90年代以来在中国广泛使用的一个术语,这是教育技术的共同概念,两者之间没有本质区别。然而,现代教育技术具有强烈的现代化和信息化色彩。教育资源的开发及其在教育中的应用是现代信息技术(计算机、多媒体、网络、数字视听、卫星广播、虚拟现实、人工智能和其他技术)的核心。

第一节 现代教育技术概述

21世纪的竞争是经济、科技和综合国力的竞争,但归根结底,这是人才和教育的竞争。因此,当务之急是实现教育现代化,促进教育从"应试教育"向"素质教育"的转变。为了实现这一目标,教育技术肩负着巨大的历史使命。

一、技术

从词汇结构来看,教育技术是一个具有部分结构的词汇。因此,它的中心应该是"技术"。那么什么是技术呢?在不同时期有不同的解释。它是一个历史范畴,其内涵随着社会的发展而不断演变。早期,人们认为技术是基于生产实践经验和自然科学原理的各种材料、设备和生产工具。这种理解倾向于将技术限制在材料层面。

在现代社会,技术是人们在生产活动中对自然和社会的理解。整合工具、方法和经验的调节和改造,旨在提高工作的效率、目的和持续性,主要包括物质层面的工具、设备和非物质层面的方法、技能和经验。显然,现代社会对"技术"的定义更加全面和深刻。

二、教育技术

教育技术一词最初是在20世纪60年代出现于美国,随后传入日本和其他西方国家,到20世纪70年代初,已经形成一门独立的新兴学科,在世界范围内得到广泛的应用和研究。虽然各国在教育技术的发展过程中,采用的方式、方法和基础条件都有所不同,但对于教育技术的基本认识存在着极大的共同性。

教育技术这一概念一开始强调的是教育媒体所反映的技术,它强调对媒体技术的应用,这是因为教育技术的出现同教育媒体的硬件技术的发展和应用是分不开的。在教学过程中应用硬件设备的同时,配套教学软件的制作和开发也变得越来越突出和重要。

1970 年,美国教育技术委员会在给国会递交的报告中这样写道:随着通信技术的发展而演变出来的媒体可以与教师、教科书和黑板一起应用于教学的各个方面。然而,随着系统科学方法和方法论思想的引入,使人们对教育技术的含义有了更深刻的认识,即开始在系统方法和方法论的高度上考虑教育技术的问题。人们逐渐认识到教育技术不仅仅指教育中的媒体技术,开始重视对教育教学活动的设计、组织和实施评价,把对教育技术的研究上升到方法论的高度,并且在发展教育技术的过程中逐渐成为一门独立的新学科——教育技术学。

对教育技术的理解一直处于动态演变之中。可以说,它在教学理论和实践教学中不断发展和完善。直到 20 世纪 90 年代中期,出现了一个更加全面和明确的定义。

（一）AECT1994 定义

1994 年,教育通信与技术协会(AECT)提出了教育技术的新定义:"教育技术是设计、开发、应用、管理和评估学习过程和学习资源的理论和实践。"这一定义得到了国内外教育技术专家和学者的高度认可,对教育技术领域产生了深远影响,并成为教育技术领域的重要理论基础。

根据 AECT 1994 的定义,观察教育技术的实践非常方便。在学习过程方面,教育技术改变了过去仅通过口头传播的教学方法,考虑到媒体的使用、媒体传播信息的能力、对学生认知水平的影响和学生接受的效率,使教学方法在符合现代教育理念的前提下,更加丰富和动态。关于学习资源,教育技术将人类媒体、信息、环境等都视为帮助和促进学习的可用资源。教育技术的五大类包括设计、开发、利用、管理和评估,都是工作过程和工作方法。

教育技术的设计、开发、利用、管理和评价五大类既相互独立又相互渗透,其中设计、开发和利用是教育技术研究中相对独立的内容或阶段。此外,虽然研究人员的工作可以集中在一个类别,但他们需要其他类别的理论和实践研究成果。这五个类别之间的关系不是线性关系。他们都围绕"理论与实践"工作,通过"理论与实践"相互作用和联系。

应该指出的是，在 AECT 1994 定义的英文表达中，原"教育技术"改为"教学技术"，中文翻译是教学技术。因此，有人认为，教育技术只关心技术在学校教育中的应用，而教学技术可以包括技术在教学和培训中的应用。有人还认为，教育技术的概念过于宽泛，而教学技术侧重于教学问题。然而，一般来说，这两个术语在国际上被用作同义词，我们在中国也习惯于称之为教育技术。

（二）AECT2005 定义

2005 年，AECT 重新定义了教育技术：教育技术是指通过创建、使用和管理适当的技术流程和资源来促进学习和提高绩效的研究和实践。

时隔十年，AECT 对教育技术的定义在细节上做了较大范围的修改，从研究对象、研究领域到研究目的，都做出了更符合当前现实及价值观的调整。信息技术时代的来临对人的素质提出了新的要求，而作为培养人才的教育行业，技术应用也是日新月异，教育领域中的技术也在迅速发展，由此产生了许多新的教育方式、教育手段，这些都是作为现在的教师应当了解和熟悉的。AECT 1994 专注于教育技术的研究领域，而 AECT 2005 专注于教育科技的职业道德。

不同的教学内容可以采用不同的教学形式和教学方法，而各种教学形式和教学方法又总是通过一定的教学手段实现的。课堂教学需要使用教材、黑板、粉笔等，实验教学也需要实验场所、实验设备、实验仪器材料等。为了改善教学形式，改进教学方法，提高教学质量，人们还设计制作了各种教学挂图、实物标本、模型、演示设备和学生实验器材。特别是 20 世纪以来，现代通信技术、计算机技术以及电子技术飞速发展并迅速渗透进学校的教育教学，使现代教学方法和教学手段日趋多样化，大量现代教育媒体的研究开发和推广应用是教育技术发展的主要特征，成为现代教育技术兴起的重要标志。同时，在现代系统科学方法论的影响下，教育技术作为一个独立的科学概念和专门术语逐渐形成。

三、现代教育技术

所谓现代教育技术，是指以现代教育理论为指导，以系统方法为基础,以现代信息技术为手段,通过对教与学过程和教与学资源的设计、开发、利用、管理和评价,以实现教学过程优化的理论与实践。我们可以从以下几个方面来理解这一定义的基本思想。

第一,现代教育技术的应用必须要以现代教育理论做指导。应用现代教育技术,首先必须考虑能充分体现教师的指导作用、充分发挥学生认知主体地位的新教育思想。

第二,现代教育技术要充分运用各种信息技术。当前应用于教育中的现代信息技术主要包括模拟与数字音像技术、卫星广播电视技术、计算机多媒体技术、人工智能技术、互联网络通信技术和虚拟现实仿真技术,等等。对现代信息技术的使用,应根据教学实际的需要加以选择,同时,不能一味地追求高档设备而抛弃常规的音像技术,要避免出现高级设备低级使用的现象。

第三,现代教育技术的核心方法是系统方法。将系统科学与教育、教学进行整合,运用教育设计的理论和方法分析和解决教学问题。

我国教育技术专家学者历经多年的研究和实践,在上述定义的基础上将现代教育技术描述为:现代教育技术是指运用现代教育理论和现代信息技术,通过对教与学的过程和资源的设计、开发、运用、管理和评价,以实现教学优化的理论和实践。

其内涵可从以下几方面来分析:

(1)现代教育理论是现代教育技术的指导。现代教育理论包含了教学理论和学习理论两个方面。对现代教育技术影响较大的教学理论有结构—发现教学理论、发展教学理论、最优化教学理论等;学习理论有行为主义学习理论、发现主义学习理论及建构主义学习理论等。

现代教育技术的快速发展必须以先进的教育思想和教育理论为指导,重视现代教育理论指导教与学的过程和资源的设计、开发及应用。

(2)信息技术是现代教育技术的主要手段。信息技术(Information Technology, IT)是指支持信息获取、传递、加工、存储和呈现的一种技术,它在教育领域的应用主要包括音像技术、多媒体计算机技术、人工智能技术、仿真技术、虚拟现实技术等。现代教育技术要充分利用和发挥多媒体与网络技术的优势,逐步形成丰富的信息化环境和数字化的教学资源库。

(3)教与学的过程和资源是现代教育技术的主要研究对象。现代教育技术的目标是优化教与学的过程和资源,既重视对教的优化,又重视对学的优化；既重视资源，又重视对过程的研究。

（4）系统方法是现代教育技术的核心思想。现代教育技术运用系统方法来保证教育教学过程中各步骤的精心设计、实施，要求教学各要素有序进行，并随时进行评价和修正。

教育技术与现代教育技术没有本质上的区别，它们的研究目的是一致的，现代教育技术可以说是教育技术发展到新的历史阶段的一个代名词，因此，对于非教育技术专业的学习者来讲，并不需要进行严格区分。

当今现代教育技术的重点是支持和促进教育现代化的实现，促进人的全面发展，促进学习方式的改革，更好地培养具有创新意识、创新精神、创新品质、创新思维和创新能力的创新型人才。

现代教育技术所涉及的技术可分为物化形态的技术和智能形态的技术，即硬技术和软技术。现代教育技术所涉及的技术又可分为三类技术：一是现代媒体技术，即教育教学中应用的现代教育媒体，是一种物化形态的技术，分为教学硬件和教学软件两大类型，硬件是指教学设备，软件是指存储教学信息的载体；二是现代媒传技术，即运用现代教育媒体进行教育教学活动的技术，是一种智能形态的技术；三是教学系统设计技术，即优化教学过程的系统方法，也就是教学设计，是一种应用广泛的智能形态的技术。

现代教育技术的目标是实现教育教学过程的优化，也就是在现有条件下用最少的时间和精力取得最大的效果。

四、现代教育技术的理论基础

教育技术的理论基础是多层次、多方面的。最直接、联系最紧密的层次是教与学理论和传播理论，其次是相关的自然科学和社会科学理论，基础层是哲学和系统科学方法。

学习理论就是学习心理学，它是心理学最活跃的研究领域之一。教育技术的目的是实现优化的学习效果，学习理论的研究和发展对教育技术有直接的影响。这里介绍与教育技术关系最直接的几种学习理论。

（一）新行为主义学习理论

新行为主义学习理论认为学习是反应概率的变化。如果一种反应之后伴随一种强化物,那么,在类似环境里发生这种反应的概率就会增加。反应有两种,即应答性反应(由刺激引发的反应)和操作性反应(有机体发出的反应)。前者是有机体被动地对环境做出反应;后者是有机体主动地作用于环境。人类从事的绝大多数有意义的行为都是操作性的,强化是学习成功的关键。

(二)建构主义学习理论

建构主义指出学习的实质是学习者积极主动地进行意义建构的过程,即学习不是由教师把知识简单地传递给学生,而是由学生自己建构知识的过程。学习不是被动接受信息刺激,而是主动建构意义,是根据自己的经验背景,对外部信息主动地选择、加工和处理,从而获得自己的意义。因此,教师要成为学生建构意义的帮助者,激发学生的学习兴趣,帮助学生形成学习动机,通过创设符合教学内容要求的情境,帮助学生建构当前所学知识的意义。

信息化教学模式是建立在建构主义理论基础之上的,其学习环境包含情景、协作、会话和意义建构四个要素。信息化的教学模式可以描述为以学生为中心,学习者在教师创设的情境、协作与会话等学习环境中充分发挥自身的主动性和积极性,对当前所学的知识进行意义建构并用所学知识解决实际问题。在教学中,教师由知识的传授者、灌输者转变为学生主动获取信息的帮助者、促进者;学生由外部刺激的被动接受者和知识的灌输对象转变为信息加工的主体、知识意义的主动建构者,信息所携带的知识不再是教师传授的内容,而是学生主动建构意义的对象(客体);教学过程由讲解说明的进程转变为通过情景创设、问题探究、协商学习、意义建构等以学生为主体的过程;媒体作用也由作为教师讲解的演示工具转变为学生主动学习、协作式探索、意义建构、解决实际问题的认知工具,学生用此来查询资料、搜索信息、进行协作学习和会话交流。

1. 建构主义学习理论概述

建构主义学习理论被视为"教育界的一场革命",创始人是瑞士儿童心理学家皮亚杰(Piget),后来在苏联心理学家维果斯基(Vygotsky)的推动下得到完善。

建构主义是这样看待知识的：知识并不是对真实世界的反映，它只是一种解释、一种假设，并非最终答案。知识并不能精确概括这个世界，在具体问题中还需要针对情况在知识的基础上再创造。

2. 建构主义的学生观

建构主义强调学生的经验世界的丰富性，强调学生有巨大的潜力，而并非白纸一张。对同样的事物，学生们的认知可能不一样。在面对一个事物（问题、场景、案例）时，这个事物给每个人的感觉也不尽相同。比如，同样一瓶辣椒酱，有人觉得辣，有人觉得不辣。

即使这个事物给每个人的感觉是一样的，但是由于每个人过去的经历不同，看待世界的"透镜"也不同（思维定式或者思维模型的不同），最后也会产生不同的认知。因此，在教学上不能忽视学生的经验，而应该将现有的知识作为知识生长点，引导学生从原有的知识中生长出新的知识经验。

3. 建构主义的学习观

（1）学习是一种能动建构的过程。建构主义强调学习的主动建构性，即知识不是通过教师传授得到的，而是学习者在一定的社会文化背景（情境）下，借助他人的帮助并利用必要的学习资料，通过意义建构的方法而获得的。

（2）社会文化交流活动的重要性。按照这种理论，没有教学内容或者说知识的传播。教育者或者计算机辅助教学系统只能引起、促进和帮助受教育者的知识建构过程，也就是说，使受教育者自我建构知识。

（3）学生掌握解决问题的程序和方法（建构图式），比掌握知识内容更重要。按照这种理论，学习并不只是被动的信息和感觉的获取和存储，而是一个主动的知识建构的过程。同时，学习是一个个体自我调节的过程，是和已有知识和经验紧密相关的。

4. 建构主义的教学观

建构主义对被教育者的知识和技能基础要求较高。如果被教育者的已有知识和经验不够，就会感觉到要求过度了，从而缺乏学习的信心和兴趣。教师的导航性作用对于学习者的知识建构也会起到重要的作用。

建构主义发展了许多教学模式,常见的模式有以下几种:

（1）随机通达教学。随机通达教学的基本原理是对同一教学内容,要在不同的时间,在重新安排的情境下,抱着不同的目的,从不同的角度多次学习,以达到获得高级知识的目标。也就是美国投资家查理·芒格（Charlie Munger）说的思维格栅模型,即通识教育。

（2）支架式教学。教师仅在学习新知识初始时,起到一个脚手架的作用,给学生一定的引导。随着学生学习能力的提高,教师应逐步减少或取消"脚手架"。

（3）抛锚式教学。抛锚式教学也就是实例式教学,即基于问题的教学、情境式教学。这种教学方式要求情境设置与问题一致,培养学生的独立思考力、创新力及合作力。

（4）认知学徒式教学。认知学徒式教学是让学生像手工艺人一样跟随师傅学习,在实践中学习,从多个角度模仿。比如,现在很多医院的专家身边都会配一个刚毕业的大学生,他们就是学习专家如何解决实际问题的。这种教学就是在实践中学习。

（5）探究学习。探究学习是基于问题解决来建构知识的过程,通过有意义的问题情境,让学生不断地发现问题和解决问题。

（6）合作学习。合作学习以互动合作（师生间、学生间）为教学活动取向,以学习小组为基本组织形式。

（三）人本主义学习理论

人本主义关于学习的基本观点:

第一,人生来就有学习的潜能,对世界充满好奇心,教师的基本任务是要允许学生按照自己的需要学习,满足他们的好奇心。

第二,学习是为了丰满人性,学习的根本目的是人的自我实现。

第三,有效的学习在于使学习具有个人意义。

第四,学习者是学习的主体,应受到尊重。只有当学生受到尊重时,他们才能更好地朝向自我实现。

第五,情感是有效学习的重要条件。现代教育的悲剧之一,就是认为唯有认知学习是重要的,认为唯有认知的学习是"颈部以上"的学习。

第六,大多数有意义的学习是从做中学的。

（四）折中主义学习理论

1. 折中主义学习理论概述

折中主义学习理论代表人物为美国教育心理学家加涅（Gagne）。加涅被公认是行为主义与认知心理学派的折中主义者。

2. 折中主义学习理论关于学习的基本观点

加涅认为，学习是指人的心理倾向和能力的变化，这种变化要能持续一段时间，而且不能把这种变化简单地归结于生长过程。

加涅认为心理学的目的，就是要观察学习发生的条件，并对它们加以客观地描述，他一直把自己看作是一位对学习采取自然主义态度的观察者。因此，他在阐述学习的意义时，注重对学习内部条件和外部条件的描述。加涅认为引起学习的条件有两种：内部条件，即学生已有的知识和能力；外部条件，即学习的环境。学习是内部条件和外部条件相互作用的过程。内部条件是基础，在学生学习过程的每一个阶段中，教师要提供最充分的指导，对学生的内部条件做出影响。折中主义学习理论关注学习阶段与教学工作的对应关系，重视学习的两种条件的研究。

学习由简到繁可分为八个层次（累积学习模式）：信号学习、刺激—反应学习、动作链锁、言语联想、辨别学习、概念学习、规则学习、问题解决学习。每一层次的学习，都是以前一层次的学习为前提。

五、现代教育技术在教育教学改革中的重要作用

要实现教育现代化，首先必须实现教育信息化。教育信息化的基本特点是在教学过程中比较全面地使用以计算机多媒体和网络通信为基础的现代化信息技术。教育技术能为教育信息化提供智力支持和技术支持。

只有依靠教育技术的长足进步，才能尽早实现我国教育信息化的目标，才能缩短与世界其他教育技术先进国家的差距。对于科教兴国和提高全民素质，现代教育技术起着至关重要的作用。

六、现代教育技术的应用

随着计算机技术、卫星通信技术、网络技术、虚拟现实技术、人工智能技术等在教育领域应用研究的不断深入,现代教育技术快速发展,其发展趋势表现在以下几个方面:

（一）虚拟现实技术的教育应用

虚拟现实（Virtual Reality，VR）教学模式是一种最新的教育技术应用模式,是多媒体技术的进一步发展。多媒体技术提供的是交互界面,而虚拟现实技术提供的则是交互空间,即计算机媒体、三维空间加声音。

虚拟现实技术是计算机科学与技术的延伸,它与多媒体声像、人机接口、通信与机器人技术密切相关。虚拟现实技术的应用几乎包括人类活动的全部领域,如上地理课时,虚拟现实技术可以把学生带到非洲或美洲旅行,让他们欣赏那里的自然景色和风光;上物理课时,学生可以在虚拟世界中观察原子、离子,目睹各种物理现象,等等。

（二）人工智能技术的教育应用

智能辅助教学系统由于具有"教学决策"模块、"学生模型"模块和"自然语言接口",因而具有能与人类优秀教师相媲美的下述功能:
（1）了解每个学生的学习能力、认知特点和当前知识水平。
（2）能根据学生的不同特点选择最适当的教学内容和教学方法,并可对学生进行有针对性的个别指导。
（3）允许学生用自然语言与"计算机导师"进行人机对话。

（三）云计算的教育应用

云计算在教育领域中的迁移称为"教育云",是未来教育信息化的基础架构,包括了教育信息化所必需的一切硬件计算资源,这些资源经虚拟化之后,向教育机构,教育从业人员和学员提供一个良好的平台。

教育云包括云计算辅助教学（cloud computing assisted instructions，CCAI）和云计算辅助教育（cloud computing based education，CCBE）等形式。

（四）移动互联网的教育应用

移动互联网的英文名为"Mobile Internet"，简称 MI，指用户能够利用手机、PDA 或者其他手持终端通过通信线路接入网络。

移动教育（mobile education）是指依托目前比较成熟的无线移动网络、国际互联网以及多媒体技术，学生和教师通过使用移动设备（如手机等）来更为方便灵活地实现交互式教学活动。移动教育系统主要由四部分组成，即国际互联网、移动教育网、移动台和教学服务器，其具体功能有如下几个方面：

（1）学校对教师的教学活动通知。

（2）教师对学生的教学活动通知。

（3）学生对教师提出问题。

（4）教师对学生的问题进行浏览以及答疑。

（5）学生对考试分数的查询。

七、现代教育技术的发展趋势

（一）教育技术在美国的发展趋势

美国教育技术产生最早，发展脉络清晰完整。媒体教学技术、个别化教学技术、教学系统方法逐步融合为一体。20 世纪 70 年代，美国的教育技术已逐渐成为一个系统而完整的领域和学科。其演变过程如图 1-1 所示。

```
早期的个别化教学 → 程序教学 → 计算机辅助教学 ┐
直观教学 → 视觉教学 → 视听教学 → 视听传播      ├ 教育技术
经验型的教学系统方法 → 教学系统方法 → 教学系统开发和设计 ┘
```

图 1-1 美国教育技术的历史演变过程

从技术内涵来分析，教育技术既包含有形的媒体技术，也包含无形的智能技术。

1. 媒体教学技术的发展

媒体教学技术的发展历程是直观教学→视觉教学→视听教学→视听传播。19世纪,捷克民主主义教育家夸美纽斯(Comenius)的直观教学理论传播到美国,对美国的视觉教学产生了深刻的影响。19世纪以前的教学,直观教具主要是实物、模型等。从1918年开始,美国进行了为期10年的"视觉教学(Visual Instruction)"运动。视觉教学被认为是教育技术的发端。

1946年,美国视听教育家戴尔(Dale)提出的"经验之塔"理论使视听教学趋于成熟。从20世纪50年代开始,语言实验室和电视在教学中得到应用,促进了视听教学的发展,使视听媒体在教学中的应用越来越普遍。

20世纪40年代兴起的传播理论,使人们从动态的、多维的视角审视教学的全过程。由仅仅重视教具、教材的使用,转为充分关注教学信息怎样从发送者经由各种渠道,传递到接受者的整个传播过程。由"重媒体"阶段发展到"重过程"阶段,由视听教育发展到视听传播阶段。

2. 个别化教学技术的发展

个别化教学技术的发展历程是教学机器→程序教学→计算机辅助教学。美国心理学家普莱西(Pressey)在20世纪20年代初展示了由他设计、制作的自动教学机,用于对学生的学习进行测试。其后,美国心理学家斯金纳利用并依据其强化理论所设计的教学机器把"程序教学"推向了高潮。

3. 教学系统方法的形成

对教学要素的分析研究从20世纪40年代中期开始取得了明显的成果,其中戴尔的"经验之塔"理论、斯金纳的"程序教学"理论、美国教育学家布卢姆(Bloom)的"教学目标分类"理论等,均对教育技术的发展起到了直接的推动作用。

20世纪90年代后期,一项以提高个人和组织的绩效为目标的"整体技术(Systemie Technology)"成为教育技术的重要研究方向。从20世纪70年代开始,这一时期被称为系统教育技术阶段。教育技术成为具有明确的研究目的、研究对象、研究领域和研究方法的新兴学科。

4. 教育技术整体规划

美国教育的快速发展是其政府高度重视的结果。美国政府早在20世纪末，就关注网络和数字技术给教育带来的巨大发展机遇，自1996年起陆续出台了四部国家教育技术发展规划，对美国教育信息化的快速发展起到有力的促进作用。

1996年，首次提出《让美国学生做好迎接21世纪的准备：迎接技术素养的挑战》教育技术发展规划。1996年2月，时任美国总统的克林顿提出"到21世纪美国所有学生都应成为具有技术素养的公民"的前景规划。

2005年的《迈向美国教育的新黄金时代：因特网、法律及当代学生的变革展望》规划提出七项行动措施目标：加强领导力；重视技术革新投入；改进教师培训；支持创建 E-Learning 与网络学校；促进宽带畅通连接；教学内容数字化；整合教学数据系统。

2010年，美国出台《变革美国教育：技术推动学习》，要求以信息技术变革当前美国教育状态，以信息技术手段降低教育成本且提高教育效益，提出并具体规划了以下五项教育技术指标：其一是学习指标，使所有学习者在校内外均能获得富有成效和吸引力的学习体验，训练他们成为全球网络社会富有知识、道德与创造力的积极参与者；其二是评价指标，各级各类教育系统都需要利用教育技术进行教学评估，并以相应的评估数据使学习者获得持续发展；其三是教学指标，专业教师通过使用信息技术获取数据、内容、资源、专业知识技能与学习体验，并能够获得个人性与团队性的支持，从而促使他们能够胜任更有效的教学；其四是基础设施，所有师生都能够使用所需的基础设施，随时随地学习；其五是生产力指标，各级各类教育系统将重新设计教育进程与结构，以便更好地利用技术力量，确保时间、资金、人力等资源发挥更大效用，提高教学成效。

2010年11月，为借助技术的优势来实现革新教育的目标，美国教育部教育技术办公室（OET）发布了美国国家教育技术规划（NETP），号召对美国教育实施革命性的转变，呼吁美国民众与机构一起合作来设计有效、高效且灵活的教育结构和教学过程，并提出了技术革新教育的21世纪模式。

（二）教育技术在中国的发展趋势

我国的教育技术是从电化教育起步和发展的,它的发展历程可划分为五个阶段。

1. 萌芽阶段(20 世纪 20 年代到 40 年代末期)

在国外视听教育的影响下,20 世纪 20 年代,南京、上海、无锡、苏州等地开展了最初的电化教育,主要包括幻灯、电影、播音在教育中的应用,兴办电化教育专业,开设电化教育选修课,出版电化教育刊物和书籍等。如 1936 年,上海教育界人士创办了我国最早的电化教育刊物《电化教育》周刊;1942 年,在重庆北碚成立了"中华教育电影制片厂",这是我国最早的教育电影制片厂;1945 年,我国最早的电化教育专业在苏州建立。

2. 奠基阶段(20 世纪 50 年代初期至 60 年代中期)

新中国成立后,电化教育随着教育事业的发展而发展。从 20 世纪 50 年代初开始,广播电台开设俄语讲座、文化补习自学辅导讲座,并建成广播、函授学校;一些高校利用唱片、电影、幻灯以及录音等媒体进行教学;有的高校开设电化教育课程,如 1951 年北京辅仁大学教育系开设电教课程,这是中华人民共和国成立后第一个开设电化教育课程的学校(1952 年辅仁大学教育系并入北京师范大学);北京、沈阳等一些城市建立了电化教育馆,在中小学开展电化教育;一些高校也建立了电化教育机构,正式开展电化教学。到 1965 年,我国的电化教育工作已有了一定的基础,取得了很大的成绩。

3. 发展阶段(20 世纪 70 年代末期至 90 年代初期)

党的十一届三中全会以后,在党和政府的关怀下,电化教育得到了迅速发展,主要表现在几个方面:

（1）电教机构的设立。从中央到省(自治区、直辖市)、市、县,普遍建立了电教馆(站);全国 1000 多所高等学校设立了不同级别的电教机构;部分中小学建立了电教组,配备了专职电教人员。

（2）电化教育深入开展。电化教育媒体从幻灯、投影、录音扩展到电视、录像、卫星广播电视等方面。各级各类学校大都配置了幻灯、投影、录音、电视等电教设备,有条件的还配置了计算机、语言实验室等设备。电教人员和教师自制电教教材,电化教育深入课堂教学。

（3）出版电化教育书刊。随着我国电化教育事业的发展,先后创办了一大批电教刊物。这一时期创办了《电化教育》《中小学电教》《教育传播与技术》《电化教育研究》《教育技术与外语教学》《外语电化教学》等一批有影响的电教杂志,并出版了数十种电化教育（教育技术）著作。

（4）培养电化教育专门人才。为了适应电化教育事业的发展,各级高校从开办短期培训班开始逐渐建立起电化教育专业,进行专门人才的培养。1983—1986 年,先后在华南师范大学、华东师范大学、西北师范大学、东北师范大学、北京师范大学、南京师范大学等师范类重点高校批准设立电化教育（教育技术）系。到了 20 世纪 90 年代初期,全国已有 30 多所院校设置了电化教育专业,并建立了数个硕士点。

（5）发展广播电视教育。为了适应改革开放对人才的需求,党中央和国务院决定建立面向全国的中央广播电视大学。1979 年 2 月 6 日,中央广播电视大学与全国 28 所省、自治区和直辖市广播电视大学同时开学。至 20 世纪 90 年代初,已发展成为由一所中央广播电视大学,43 所省、自治区、直辖市和计划单列市广播电视大学,575 所地（市）广播电视大学和 1500 多个县级广播电视大学工作站（分校）组成的广播电视高等教育系统。

1986 年,中国教育电视台成立,正式开办了卫星教育电视节目,开始运用卫星进行教育电视广播。此后,各省（自治区、直辖市）、市、县也纷纷建立起教育电视台,以适应社会经济的迅速发展。至 20 世纪 90 年代初期,全国各地有教育电视台（站）500 多座,教育电视单收站 3000 多个,放像点 30000 多个,初步形成了卫星电视教育网络,为国家培养了一大批建设人才。

（6）积极开展国内外学术交流活动。为了促进我国电化教育事业的发展,吸取国外现代化教育经验,及时总结国内电化教育经验,这一时期各种电教学术交流活动十分活跃。1987 年以后,我国先后建立了一些群众性电教学术团体,如中国电化教育研究会、中国高校外语电教协会、东北三省电教协会、西北五省电教协会,以及各省、直辖市、自治区的电教研究会等。为了加强对外交流活动,我国多次派出代表团（组）或专家、学者,到欧美、日本等国家和地区访问、考察、学习。同时,外国教育代表团和专家、学者也不断来中国进行访问、讲学。这些学术交流活动沟通了国内外情况，交流了技术，也交流了经验，活跃了学术气氛，推动了我国电化教育事业的发展。

（7）电化教育研究得到深入开展。这一时期，学术界对电化教育的定义、概念、本质等展开了激烈的讨论，并对媒体在教学中的作用开展研究。从20世纪80年代后期开始，在国外教育技术系统观的影响下，国内电教界转向了"系统方法""教学设计""多媒体组合教学"研究，从媒体观转向了系统观。这一时期的主要特点是引进了以教学设计为代表的系统方法，媒体以音像技术为主。我国的电化教育从20世纪90年代初开始呈现了从电化教育向教育技术过渡的态势。

4. 成熟阶段（20世纪90年代中期至21世纪初）

进入20世纪90年代以后，对国外教育技术逐步深入的研究，尤其是美国AECT1994定义的提出，对我国教育技术的进一步发展有着宝贵的借鉴意义。在这个时期，媒体技术除了涉及上述常规的媒体以外，更主要地涉及多媒体计算机和网络，以及仿真教学系统。

5. 信息化现代化阶段（21世纪初至今）

继《关于加强高等学校教育技术工作的意见》颁布之后，教育部于1999年6月13日发布了《中共中央国务院关于深化教育改革全面推进素质教育的决定》，对教育信息化和教学手段现代化的发展提出了更为明确的任务，即"大力提高教育技术手段的现代化水平和教育信息化程度"。

2004年12月25日，教育部印发了《中小学教师教育技术能力标准（试行）》，这是中国颁布的第一个有关中小学教师的专业能力标准。该标准对教育技术做出了如下的定义："教育技术是指运用各种理论及技术，通过对教与学过程及相关资源的设计、开发、利用、管理和评价，实现教育教学优化的理论与实践。"

2005年1月1日，教育部印发《关于进一步加强高等学校本科教学工作的若干意见》，文件强调，"加大教学信息化建设力度，推进优质教学资源共享。各级教育行政部门和高等学校要确保高质量完成1500门国家精品课程建设任务，大力推进校、省、国家三级精品课程体系建设，形成多学科、多课程的网络共享平台。要建设仪器设备共享系统和数字化图书馆等,加快信息化教学环境建设的进程。"

2018 年 4 月 13 日,教育部发布《教育信息化 2.0 行动计划》,教育信息化由 1.0 升级为 2.0,其基本目标"从教育专用资源向教育大资源转变、从提升师生信息技术应用能力向全面提升信息素养转变、从融合应用向创新发展转变"。这对新时代的教育技术提出了更高的要求,在智能化时代,人工智能、大数据、区块链等技术迅猛发展,将深刻改变人才需求和教育形态。

自 2018 年教育部出台《教育信息化 2.0 行动计划》之后,业界更加注重学生的个性化和多样化教育,不断朝着智慧教育、智慧学习环境、基于证据的教学转变、个性化和结构化转变。随着科技水平的飞速发展,学习方式开始从单一变得多样化,而教育本身也具备了很多的流行趋势。由于信息技术和云技术的大规模使用,数字革新深入生活和工作的各个领域。伴随着语音识别、自然语音理解、深度学习、AR/VR 等前沿技术的不断引入,人工智能教育得到快速发展,包括自适应学习系统、智能导视系统、智能测试系统、基于虚拟现实(增强现实)的场景式教育大都实现稳步落地。如一些学校采取"自带设备(Bring Your Own Device)"的方式,允许学生和教师在课堂上使用移动设备,并且配备了无线网络,让学生在学习上投入更多的精力,通过个性化学习的机会接触到大量的信息和数据,强化学生的自主学习意识。当技术全面渗透教育,教育逐步走向"AI+",智慧教育正在悄然开启教育 3.0 时代。

人工智能教育是当下一个独有的新的教育体系,但其中不可否认的一点是人工智能教育一定是混合式教育。值得注意的是,人工智能教育仍然无法代替教师的存在。无论 AI 有多智能,教育的本质仍旧离不开教师,教师面对面的教学,学生学习水平的提高才是这个行业的核心点。要先抓住核心点,再考虑人工智能的配置、时机以及方式。

目前,信息技术在教育领域中的应用使教育领域正在经历一场前所未有的大变革,它促使教育技术的内涵不断扩大,所含媒体技术与智能技术的水平也在不断提高。

第二节　教育信息化概念与相关政策

1963 年，日本著名社会学家梅棹忠夫教授在其论文《论信息产业》中首次提出"信息化"（informationization）一词，当时对"信息化"这一概念主要是从产业角度进行阐述和界定的。20 世纪 70 年代，德国、欧洲共同体和联合国教科文组织等国家及国际组织先后出台了一系列推动信息技术在社会中应用和发展的规划，这些规划都把信息基础设施作为重要一环。1993 年 9 月，美国政府提出了国家信息基础设施（National Information Infrastructure）建设计划，其核心是发展以 Internet 为核心的综合化信息服务体系和推进信息技术（Information Technology，IT）在社会各领域的广泛应用，这就是俗称的"信息高速公路"（Information Super Highway）计划。在美国的这项"信息高速公路"计划中，特别把信息技术在教育中的应用作为实施面向 21 世纪教育改革的重要途径，美国的这一举动引起了世界各国的积极反应，英国、法国、德国、中国等众多国家相继制定了推进信息技术在本国教育中应用的计划。1979 年，我国学者奚熙贤在《气象》期刊第 10 期上发表了一篇文章《气象资料信息化在我站的应用》，这应该是我国学界第一次使用"信息化"这一术语。关于信息化的界定，我国学术界曾经有过很长时间的探讨，学者们意见不一。有的学者认为，信息化是指计算机、通信和网络技术的现代化，有的学者认为，信息化是对某一系统或某一领域中信息的生成、分析、处理、传递和利用所进行的有意义活动的总称。有的学者认为信息化是一个从工业社会向信息社会演进的过程，还有学者认为，信息化是一个从物质生产占主导地位的社会向信息产业占主导地位的社会转变的发展过程。1997 年 4 月，我国在首届全国信息化工作会议上将信息化定义为培育、发展以智能化工具为代表的新的生产力并使之造福于社会的历史过程。2006 年 5 月，我国政府《2006—2020 年国家信息化发展战略》中明确指出，信息化是充分利用信息技术，开发利用信息资源，促进信息交流和知识共享，提高经济增长质量，推动经济社会发展转型的历史进程。自此，我国对"信息化"进行了明确的界定，提出了比较系统全面的国家信息化发展战略，主动迎接信息化发展带来的新机遇。

如今，信息化已经成为推动世界各国政治、经济、社会、文化和军事等领域变革的重要力量。相对于信息化而言，教育是一种特殊的产业，教育信息化是一种行业信息化。随着网络技术的迅速普及，我国社会的发展与信息技术的关系越来越密切，人们越来越关注信息技术对社会发展的影响，"社会信息化"的提法开始出现，联系到教育改革和发展，"教育信息化"的提法也开始出现了。1999年6月，中共中央、国务院发表了《关于深化教育改革全面推进素质教育的决定》，在第15条中指出"大力提高教育技术手段的现代化水平和教育信息化程度"。这或许是"教育信息化"这一术语在我国政府文件中的最早出处。2000年10月，时任教育部部长陈至立在全国中小学信息技术教育工作会议上作了题为《抓住机遇，加快发展，在中小学大力普及信息技术教育》的报告，提出"全面启动中小学'校校通'工程，为中小学普及信息技术教育、推动教育信息化建设奠定基础"的目标，计划用5到10年时间，使全国90%左右的独立建制的中小学校能够与互联网或中国教育卫星宽带网连通，使中小学师生都能共享网上教育资源，提高所有中小学的教育教学质量，使全体教师能普遍接受旨在提高实施素质教育水平和能力的继续教育。2004年3月，国务院批转了教育部《2003—2007年教育振兴行动计划》，其中将"教育信息化建设"列为六大工程之一。2006年3月，中共中央、国务院在《2006—2020年国家信息化发展战略》中明确指出，要加快教育科研信息化步伐，提升基础教育、高等教育和职业教育的信息化水平，持续推进农村现代远程教育，实现优质教育资源共享，促进教育均衡发展。2010年7月，中共中央、国务院在《国家中长期教育改革和发展规划纲要（2010—2020年）》中，从教育信息基础设施建设、优质教育资源开发与应用、国家教育管理信息系统构建三个方面阐述了我国教育信息化发展的基本思路，并特别指出信息技术对教育发展具有革命性的影响，必须予以高度重视。2012年3月，教育部颁布了《教育信息化十年发展规划（2011—2020年）》，进一步推进我国教育信息化的总体战略、发展任务、行动计划和保障措施，积极推进教育信息化能力体系建设，推动信息技术与教育的双向融合创新。同时，更加重视教育信息化的引领性作用，强调利用教育信息化破解制约我国教育发展的难题。2016年3月，我国政府发布《国民经济和社会发展第十三个五年

（2016—2020）规划纲要》，其中明确将教育信息化列为教育现代化重大工程，并积极推动现代信息技术与教育教学的深度融合。2016年6月，教育部颁布了《教育信息化"十三五"规划》，在《国民经济和社会发展第十三个五年（2016—2020）规划纲要》指导意见的基础之上，立足于我国教育信息化发展的现状，对我国未来五年的教育信息化发展提出了新理念、新思路和新方法。

目前，我国政府的各种文件已经正式使用"教育信息化"这一概念，从国家颁布的一系列政策文件也可以看出国家对于教育信息化的重视程度。目前，学术界对于教育信息化的概念没有统一的界定，国内学者从不同的研究视角出发，对教育信息化进行了不同的内涵解读。其中，比较有代表性的定义有下列几种：

（1）所谓教育信息化，是指在教育中普遍运用现代信息技术，开发教育资源，优化教育过程，以培养和提高学生的信息素养，促进教育现代化的过程。（中国电化教育理论与实践教育家南国农）

（2）教育信息化是指在教育领域全面深入地运用现代化信息技术来促进教育改革和教育发展的进程，其结果必然是形成一种全新的教育形态——信息化教育。（中国教育信息专家祝智庭）

（3）教育信息化是指在教育与教学的各个领域，积极开发并充分应用信息技术和信息资源，培养适应信息社会需求的人才，以推动教育现代化进程。作为系统工程的教育信息化，其基本要素体现在应用、开发、网络、产业、人才和政策六个方面。（中国教育家李克东）

（4）信息与信息技术在教育、教学领域和教育、教学中的普遍应用与推广，这就是教育信息化的基本内涵。（中国教育家何克抗）

（5）教育信息化是以现代信息技术为基础的新教育体系，包括教育观念、教育组织、教育内容、教育模式、教育技术、教育评价、教育环境等一系列的改革和变化。教育信息化不是简单的计算机化或网络化，而是一个关系到整个教育改革和教育现代化的系统工程。（中国教育家黎加厚）

（6）所谓教育信息化，就是将信息作为教育系统的一种基本构成要素，培育和发展以智能化教育工具为代表的新的教育能力，在教育的各个领域广泛地利用信息技术，并使之促进教育事业发展，实现教育现代化的历史过程。（我国学者秦如祥）

可以看出，我国学者从各自的学科背景和研究视角出发，对教育信息化进行了不同的概念界定。实际上,我们可以分别从空间和时间两个维度来理解教育信息化的具体内涵。从空间上来看,教育信息化是一个系统工程,在各级各类教育机构和部门中全面推进信息技术与教育教学过程的深度融合,实现教育观念、教育内容、教育模式、教育评价、教育环境等一系列的改变和革新,从时间上来说,教育信息化是一个过程,是一个运用信息技术开发教育资源、优化教育过程、提高师生信息素养,并最终实现教育现代化的过程。

综观世界,教育信息化已成为各国建设人力资源强国、实现经济社会快速发展的前瞻性战略选择。在信息化浪潮的席卷下,我国政府意识到了必须把教育信息化上升到国家战略的层面,使教育信息化成为促进教育发展、变革的重要推动力量。

教育信息化是指在教育领域全面深入地运用以多媒体计算机和网络通信技术为基础的现代化信息技术,促进教育改革和教育现代化,使之适应信息化社会对教育发展的新要求。教育信息化涉及社会生活、生产劳动、经济、科技、文化各个方面,是一项极其复杂的系统工程,包括从宏观教育规划、决策、教育管理、学习资源环境、师资培养与培训、课程、教育科研的信息化,到微观的学习模式、教学、评价模式的信息化等教育系统的所有环节。

第三节　教育信息化促进教育现代化

教育信息化的发展是教育技术发展的一个重要趋势。当前社会已经全面进入信息时代,在现代教学信息快速发展的新时期,现代科学技术,特别是电子计算机技术和通信技术的飞速发展,对具有悠久历史的传统教学进行了启发,也为教育教学技术在教育教学实践中的应用提供了技术支持,为现代教育教学注入了新的活力,引起了教育教学的现代化信息改革。

一、信息发展对教育体系的宏观影响

信息化是一个社会性的发展过程,信息技术发展对教育领域的影响是全方面的,不仅直接影响教育过程,也影响教学体系构建,还通过作用于社会间接地影响教育体系。从宏观角度来讲,信息发展对教育的影响具体分析如下:

(一)促进教育教学改革

信息革命极大地改变了人们的生产、生活、学习、工作方式,也为促进个人和整个社会的发展提供了更多的可能性。现阶段,通信技术和多媒体技术的快速发展,推动着现代教育技术的多维化、智能化、广域化发展,现代信息网络的建立与发展对教育产生了深远的影响,新的教育技术的应用推动教育教学的适应性改革,突出了时代发展的特点。

1.教学过程的变革

多媒体技术、网络教育代表了现代教育技术的发展方向。和传统教学技术(黑板、图片、幻灯片)相比,多媒体教学辅助技术(CAI技术)和网络教学具有智能性、集成性、交互性、实时性、长久储存性等特点。在教学过程中,基于信息化教育技术的现代教育的超文本结构可以克服传统教学知识结构的缺陷,并具有呈现信息的多种形式非线性网状结构的特点,多媒体技术与网络教学更加形象、生动、立体,符合教育认识规律;多媒体技术是集文字、图形、声音、影像等于一体的技术,是多个媒体的集合,能综合处理多个媒体信息。此外,计算机网络信息技术可以实现对声音、画面、动态影像处理得随心所欲,实现内容随意跳转,视频、音频自由停放等。从教学手段看,以计算机为中心的多媒体群,从根本上改变了传统教学中教师、学生、教材三点一线的格局。计算机的智能化可实现模拟讲课、批改作业,教学更加高效。

2.教材变革

现代教育技术给课程设计与教材编制带来了新观念、新方法、新技术,给基础教育课程改革提供了新的教学环境和工作平台。

新的信息技术的投入使用,使得教师的教学也必须紧跟时代的发展,为了满足当下学生的认知习惯与学习兴趣,教师必须充分利用新的信息媒体技术,注重新形式的教材的设计、制作,以更好地开展多媒体教学与网络课程教学。

传统的书本纸张化的教材,具有静止、封闭、模式化的特点,基于信息网络技术的电子化教材是开放的、参与式的、有个性的和创造性的"活教材"。

3. 新时期教育改革内容

教育的发展离不开教育技术支持,信息技术的快速发展并引入教育领域为促进教育教学的改革奠定了技术基础,一流的信息化教育基础建设成为可能。

技术是教育水平提高的一个重要影响因素,仅靠体制改革是难以实现教育的科学化发展的。新时期,要促进教育教学的全面改革,还应当把应用现代教育技术作为一个重要的改革内容。

(二)促进教育体制健全

教育体制改革可促进教育的可持续发展。长期以来,我国正在进行的教育体制改革主要是在教育体系内部进行。就我国教育现状来看,我国的教育体制包括以下四类:普通教育、成人教育、职业技术教育、高等教育。

教育技术的发展对教育体制的建立具有一定的影响,当教育技术发展到一定程度时,不同层次的教育就会逐渐趋于融合。

现阶段,随着现代教育技术的发展,实现普通教育、成人教育、职业技术教育甚至高等教育一体化将是大势所趋。

(三)改变教育投资环境

在多媒体技术和网络技术诞生之前,教育经费的消耗主要是在学校,具体表现为教育教学硬件设施的消耗。学校的教育经费主要依靠政府拨款,还有一部分来自社会赞助。

随着现代教育技术的发展,学习扩展到全社会,贯穿于人的一生。

教育经费的消耗已经不仅局限于学校内部,而是扩大到整个社会。任何一个借助于现代教育技术获得学习机会的个人都可能参与教育投资,教育经费来源渠道大大增加了。

（四）优化学校教育

现代教育技术给学校教育带来的影响是巨大的,具体分析如下:

1. 校际合作

计算机网络推动了不同地区、层级的学校之间的联合。计算机网络技术可以打破时空界限,不仅可以促使具有优势互补条件的学校加强联合,还可以促进优势教学资源对教学资源匮乏的地区的支持,如远程教学和精品课程共享。

2. 校际竞争

计算机网络技术的发展也在一定程度上加剧了学校之间的竞争,其对每个学校的影响并不取决于地域因素,更多地取决于它能提供给学生的信息的质量和数量,这也将促使学校努力提高教学质量。

3. 革新教学环境

信息教育技术对教育过程、教材的影响是非常大的,学生、教师、教材之间的关系发生了很大的改变,学生的学习环境也发生了很大的改变。这种改变可以打破交流的障碍和学习的时空限制,能随时随地进行学习、随时随地进行沟通,这种教学环境是传统的教学所没有的。

（五）完善社会教育

目前,根据教育对象、教学内容、教学技术手段的不同,教育技术的应用主要包括三个领域:学校教育、远程教育、企业培训。这三个领域几乎覆盖了整个社会的教育。

现代化的教育技术应用最大限度地拓展了教育的广度与深度,使得整个社会的教育活动开展都具有了良好的技术条件支持,也促进了社会上各种教学资源的融合与优化配置。

（六）推动"全民教育"的发展

全民教育是新时代的大众教育，其主要包括以下两个方面的内涵：

（1）教育的民主化，即实现教育机会的均等。

（2）教育的普及化，全民教育是教育民主化的重要前提。

教育是社会体系的一个重要构成要素，与政治、经济、文化、科技等其他社会构成要素之间具有非常密切的联系。教育技术的应用需要经济发展的支持，也需要科学技术的发展推动，先进的教育技术能更加高效地利用教育资源，使原本不具备良好教学环境与资源的学校的教育情况得到改善。

现代网络信息技术能打破不同地区之间的沟通壁垒，实现信息与资源的互通有无，可全面促进义务教育的实施和普及，并进一步推进全民教育的实现。

（七）推动"创客教育"的发展

"创客"一词，英文为"Maker"，是将创意变成现实的人。创客教育，重视对学习者的创新教育。信息化教育技术的应用，使得越来越多的创客教育出现。创客教育的发展正是以信息技术的发展为基础的，越来越多的中小学生开始学习信息技术、机器人编程，使用数字化的工具来提高创新、创造能力。

二、信息发展对教育内部要素的影响

（一）对课程资源的影响

信息技术的发展与应用，推动了优秀学习资源的共享，学校、公益组织、个人都参与到教学资源共享的过程中来。

当前，通过信息化教育技术的共享类教学课程资源主要有以下几类：

1.CORE

CORE 是指中国开放式教育资源,是中国优质教育资源的世界推广。

CORE 充分借鉴与吸收了美国麻省理工学院、耶鲁大学,英国牛津大学、剑桥大学等世界一流大学的优秀开放式课件、先进教学技术、教学手段,通过教育创新,不断提高我国的教育质量,并将我国学校的优质的教育资源向全世界推广,实现优质教学资源的积极交流与共享。

2.OOPS

OOPS,即开放式课程计划,是将国外一流大学的开放课程翻译并制作成中文课程,面向我国的师生授课,使我国师生能更好地享受到优质的教学课程。

3.OCW

OCW 是 Open Course Ware 的简写,是世界优秀学校教育资源的全球共享。这些学校将本学校所开设的全部课程的教学资料与课件在网上公布,以便于全世界范围内有需要的人下载参考学习。

4. 网易公开课

网易公开课是通过视频免费分享国内外著名学校的公开课程,如 OCW 翻译成为中文的课程。

现代教学媒体和信息技术在课堂教学中的应用越来越普遍,这些媒体和技术的使用对教育过程、教学过程、教学方法和手段均产生了深刻影响。课程资源的共享是新时期信息化教学带来的一个最显著的教育教学改变。

为了推广和普及信息化教学,我国开通了"校校通工程",使全国 90% 左右的独立建制的中小学校能够上网,共享网上教育资源,在提高中小学学科教学质量的同时,也为教师的再教育提供了条件。

在网络信息时代,个人、教育机构、学校与外界进行不同层次的信息沟通、信息获取、信息利用、信息共享,实现信息技术与教学的有效整合,促进了教学的发展,也促进了教师与学生的发展。

（二）对教师的影响

信息时代，信息教育技术的广泛应用对教师有巨大的影响，具体表现如下：

（1）信息教育技术对教师的最大影响在于学生获取知识的途径更加多样化，教师不再是学生的教学信息资源的唯一来源。

（2）新时期，先进的媒体和技术的应用对教学观念、方式和手段也带来了极大的冲击，这对教师教学过程的影响显著。

（3）新的信息技术在教育教学中的广泛应用，对教师的教学能力与教学素质有了更高的要求。从传播学角度来看，教师不仅是教育信息的发出者、传播者，更是教育信息传播的"把关人"。教师应结合教学实际，有针对性地选择信息，科学监测与调控教学过程。

（三）对学生的影响

信息技术的教学应用对学生的影响分析如下：

（1）学生是现代教育技术发展的最大受益者。现代教育技术提供的个别化、网络化的学习方式，使学生可以根据自己的特点和水平选择合适的学习进度，在轻松的环境中学习，实现真正的"教育平等"。

（2）信息技术的应用改变了学生获取信息的途径，改变了学生的基本听、说、读、写的方式，学习者具备了更加自由化、多样化的表达方式。

（3）信息社会，任何一个学习者都必须具备一定的信息素养，具备独立的终身学习能力。现代教育技术要求学生具有信息社会要求的观念、意识和现代教育技术能力。

（四）对教学方式的影响

现代教育技术的发展对教学（包括教师的"教"与学生的"学"）的影响具体表现如下：

1.阅读方式的变革

信息技术的发展，使得阅读方式更加多样化，实现了从原来的文本阅读到超文本阅读的重要转变。电子出版物向人们展示了全新而高效的阅读与检索方式,人们对资源的获取更加便捷、高效。

2. 写作方式的变革

传统写作必须借助于笔、纸来实现,现代人们的写作方式已经从手写走向键盘输入、扫描输入、语言输入等,从单纯的文字写作到图文并茂、声形并茂的多媒体写作方式,现代化的超文本令写作表达更加高效、生动、形象。

3. 计算方式的变革

文字的数字化使计算机从语言上升为文化,并使教育的三大支柱——读、写、算融为一体。图像、声音、影视的数字化发展,促进了"虚拟现实"的发展。

此外,信息发展对教学的影响不仅局限于上述几个方面。信息的发展通过信息技术影响教学,不仅体现在教学物质基础、教师与学生"教"与"学"的影响方面,还体现在间接促进了教育思想现代化、教育内容现代化、教育管理现代化。

第四节　新时代的学习模式——移动学习的概念及要素

新的一代"信息原住民"也许没有见过磁带、DVD,听的歌都是从网络上下载下来的;这一代人不怎么带现金,已习惯移动支付;这一代人很少用笔写字,而是用键盘打字。如果他们出去旅行,无需提前很久订好车票酒店,他们可以在移动过程中订车票、订酒店、买门票,随时计划及实施他们的旅行。除了生活,现在的办公也进入了移动办公时代,有了网络和移动终端,许多工作可以在各处随时进行,可以在上班的路上,可以在家中,也可以在旅途中。移动时代已经来临,那移动学习呢?随着现代信息技术的发展,移动应用在移动学习领域也得到了长足的发展,人们越发认识到,利用碎片化时间进行学习必将成为一种常态。

一、移动学习的概念

移动学习概念的首次提出,普遍认为是始于 1994 年美国卡耐基梅隆大学的无线基础设施建设 Wireless Andrew 项目。2000 年,爱尔兰著名国际远程教育专家德斯蒙德·基更(Desmond Keegan)在其发表的相关论文(从远程学习到电子学习再到移动学习)中提出了移动学习的概念,其中基更博士提出移动学习包含三个阶段:远程学习、电子学习、移动学习。

2008 年,中国教育学家黄荣怀教授在其出版的专著(移动学习——理论、现状、趋势)中提出移动学习的概念:"移动学习是指学习者在非固定和非预先设定的位置下发生的学习,或有效利用移动技术所发生的学习。"

二、移动学习的要素

移动学习由学习主体学习设备、学习资源、学习环境、学习系统、学习活动组成。

1. 学习主体

移动学习的学习主体范围非常宽泛,只要是需要进行学习,并具有一定的学习设备如智能手机、平板电脑等设备,即可在任何地点、任何时间开展移动学习,不论其年龄、性别、学历,职业等。移动学习可以给予想学习的人以学习的平等机会。

2. 学习设备

移动学习是在移动设备帮助下开展的学习。那么学习设备必须要符合移动学习的特性——便携性和通用性,学习设备可以是智能手机、平板电脑、笔记本电脑等。

智能手机由于其普及性以及随时随地可以上网的特点,成为现在大多数人的首选设备。学习者可以运用智能手机下载学习类的应用程序或者教学音视频,也可以利用手机上的网络功能登录一些网络教育平台进行学习。由于智能手机的超便携性和诸多强大的实用功能,智能手机成为移动学习的主流终端设备。

平板电脑也可以上网并下载相关的学习资源,但由于平板电脑的体积较大,这既是平板电脑的优点也是缺点。优点在于平板电脑屏幕比较大,视觉感受比较好,另外,平板电脑的整体性能要优于智能手机,但是缺点在于体积较大,不方便携带。

笔记本电脑的功能和性能更加的强大,但由于其体积更大,更不方便携带,因此使用率也不是很高,但是对于某些对学习设备硬件要求较高的移动学习项目,如多人在线视频学习或者慕课等,或者对于那些需要运行某些特定的大型软件程序的课程,笔记本电脑便无可替代了。

3. 学习资源

移动学习的学习资源和传统的学习资源在结构和内容上都有较大的区别。在移动学习环境下,因为学习设备的快速发展,学习者使用的设备越来越丰富,而不同设备对资源的需求不尽相同。因此在设计移动学习资源时,要注意学习资源设计的规范性和自适应性。

4. 学习环境

移动学习环境是指学习者进行移动学习的虚拟环境,移动学习基于互联网环境,使学习突破时间和空间、跨越不同环境开展学习。在学校领域里,移动学习越来越被用作衔接正式学习与非正式学习的手段,通过移动学习设备来支持和连接学习,把课堂内外的、校园内外的学习紧密结合在一起。

5. 学习系统

移动学习系统是根据学习目的和学习内容来设计的学习系统。针对不同的学习目的和学习内容有不同模式的学习系统,一个完整的移动学习系统包括对学习者的学习支持、为学习者提供良好学习体验的自适应设计,相关学习消息的推送、支持线上线下操作的学习培训、支持合规性和规范性需求、提供操作性指南。

移动学习系统可以分为移动学习用户端和移动学习管理端。移动学习用户端是学习者进行学习的途径;移动学习管理端是进行学习系统管理的平台,是学习系统的管理人员进行学习通知发布、学习任务发布、学习资源上传、学习者数据分析等操作的平台,是移动客户端的支撑平台。

6. 学习活动

对于学生来说，进行移动学习时学习的自由度比较大、自主性比较强，因此组织好学习活动对于保证移动学习的高质量有重要作用。移动学习的学习活动设计也是非常重要的。移动学习活动设计不仅要具有教学设计的思想，还要考虑到移动学习的特点，重视学习者的移动学习体验。

移动学习活动设计，主要包括学习者特征分析和教学情境分析、教学内容和教学目标分析、学习资源的设计与开发、移动技术与教学环境的整合、移动教学策略的设计及移动学习结果的评价。现在比较常见的移动学习模式有翻转课堂和混合学习等。

第二章 信息化时代教师教育技术能力要求与专业化发展

　　新兴技术的快速发展,为全球教育领域的研究者和实践者提供了前所未有的机遇。最近几十年,计算机、交互式设备、多媒体和互联网在教育中得到了越来越多的应用。越来越多的研究者意识到,在当前知识化和信息化社会中,技术已经在教育、经济和社会变革中扮演着越来越重要的角色,发挥着越来越重大的作用。尽管早期有研究者指出,将教育技术应用到教育教学实践中,未必会产生积极的效果,甚至可能因为误导学生注意力分配等原因,而产生负面的效应,但近些年越来越多的研究倾向于相信,新兴技术具备提升学习效率和教学效果的潜力。

第一节　信息时代教师面临的新挑战

我们处于教育变革的关键时期,所以更要具备多种应对能力。我们认为其中最需要掌握的技能之一是"与技术融合的能力"。在教育教学中应用信息技术并不是简单的技术问题,要强调在科学的教育观指导下,将信息技术的学习和应用与教育观念更新有机地结合起来,应用信息技术对教育体系、内容、方法和手段进行全面的改革。

一、信息技术的引入对教师素质的要求

通过信息技术的引用,实现趣味性、知识性、实践性相结合,让学生在兴趣中学知识,在实践中练能力。教师要充分发挥主导作用,根据学生特点、教材特点,精心设计教学过程,精心安排教学环节,充分调动学生学习的积极性、主动性,让学生充分体验成功的喜悦。在培养学生的观念上,教师应以现代教育理论为依据,遵循认知规律和学生身心发展规律,从社会发展需要的角度来培养学生的信息素养。

在教学方法上应有全新的方法与手段,要充分利用现代化的教学设备,充分利用各种多媒体手段辅助教学,以可视的静态或动态的画面、悦耳的声音和丰富多彩的图像映入学生眼帘,传入学生耳中,以新颖和独特的方式吸引学生的注意,调动学生的学习积极性,强化他们对所学知识的理解与记忆。

教学活动中要重视非智力因素的作用,注意激发学习兴趣,加强情感沟通,创设一个宽松、和谐、开放的学习氛围,使学生对学习感到愉快,求知欲得到满足。在教学中注意根据教材、教师、学生、设备的特点,将学与玩结合起来,教与兴趣培养结合起来,知识与应用结合起来,动手与动脑结合起来,智力因素与非智力因素结合起来,努力提高教学效果。在注意非智力因素的同时,要注意兴趣的持久性,引导学生从开始

学习时的神秘感、好奇感平稳过渡到认真、投入、主动地学习。

二、教育信息化对教师教育的新要求

2016 年,教育部在《教育信息化"十三五"规划》中特别强调要深化信息技术与教育教学的融合发展,要依托信息技术营造信息化教学环境,促进教学理念的形成。教学模式和教学内容改革,推进信息技术在日常教学中的深入、广泛应用,教师信息化教学能力、学生信息素养的显著提升,以适应信息时代对培养高素质人才的需求。同时,教育部提出要建立健全教师信息技术应用能力标准。教师教育是教师培养的重要工作范畴,其根本目的在于为各级教育系统提供和培养合格的教师队伍。在信息化的社会背景下,各种学习资源、学习技术、教育理念层出不穷,教育领域正在经历着前所未有的变革。当信息化进入教育系统之后,基础教育、职业教育、高等教育、远程教育纷纷开始探索现代信息技术在教学中的应用,各种教育改革风起云涌,教育再也无法完全依赖于传统的思想和方法来完成培养人的历史使命。

1. 运用信息化教育构建教师教育课程体系

要实现信息技术与学科教学内容的深度融合。也就是说,信息技术与学科课程整合不是帮助教师向学生进行知识灌输,而是要在信息化的学习环境下,利用信息化的学习资源,教师帮助学生进行知识的重构和创造。在这个过程中,教师不再是知识权威,不再是课堂中心,而是学生自主学习活动的引导者、支持者和帮助者。教师是信息技术与学科课程整合过程中的关键,离开了教师的积极参与,整合将无从谈起。

2. 完善教师教育信息化过程服务

与师范教育不同,教师教育不再是终结性的职前教育,而是贯穿教师职业生涯过程的终身教育。与职前教育相比,受限于我国教育事业发展中的实际情况,教师的职后培训和继续教育一直是整个教师教育过程中的薄弱环节。而教师教育信息化正是以网络技术手段为支撑,充分而有效地运用多种媒体,可以从根本上打破知识传播的时空局限,使知识传播的快捷性和广域性成为现实。这些也为改善教师的职后培训和继续教育现状带来了新的契机,基于网络的远程教育可以为在职教师提供持续学习和更新知识的平台和服务。需要注意的是,基于网络平台的相关服务需要持续跟进和完善,这里可以参考国外的一些做法。美国实行教师负责制,一位教师要负责资源建设、教学指导、答疑服务、作业批改、考试评价和分析等课程教学的全过程,学习者也会根据学习效果对教师进行满意度评价。为了获得更高的满意度,教师会尽力为学习者解决学习过程中遇到的问题。我国高校可以根据自身条件,按照因地制宜的原则在教师教育信息化的过程中进行借鉴。比如,可以为学习者提供招生咨询、个性化学习支持、学习资料配送、成绩查询等学习全过程的支持服务;还可以为学习者提供有关心理方面的问题咨询,以尽可能地弥补远程学习过程中的师生面对面情感交流、校园人文环境熏陶等方面的缺失。

三、信息技术与教育的融合

整合是近年来教育改革的主要课题之一。信息技术与课程的整合,可以增强学生的合作技能和解决问题的能力;使信息技术的运用成为学习过程的有机组成部分,从而便于学生掌握信息的收集、检索、分析、评价、转发和利用等技能;促进了班级内学生的合作交流,通过互联网还可以促进本校学生与全球性学习社区的合作交流,从而开阔学生的视野;教师运用现代多媒体信息技术对教学活动进行创造性设计,充分发挥教师的主导作用、学生的主体作用和电教媒体的桥梁纽带作用,使学生充分感受情境,发现、提出、解决问题,激发学生的兴趣,充分调动学生的积极性。

信息技术与课程整合注重创新思维和实践能力培养,强调发展学生的创新能力,提高学生的求知欲和创造欲。信息技术教育的过程,是学生动手实践的过程,也是学生的创造过程。在学生完成一件作品、利用计算机进行学习的过程中,都需要学生开动脑筋、大胆想象、自己动手。

如何实现信息技术与课程整合?

首先,树立现代教育理念。一堂好课与其说是把现代化教学手段引入教学,还不如说是以现代教育理念来指导教学。科学技术的进步不仅使教学的内容得以充实,而且促使教学方法及手段不断改革,带来了教学质量的提升。在数字化时代,电脑及其网络理应成为现代教育不可或缺的重要技术手段,但如果把电脑及其网络视为解决教育问题症结的灵丹妙药,或攻克教学难关的万能工具,显然是不科学的。因此,要着眼于转变教师观念,让教师树立现代教育理念。成功的教学要由多样因素结合,就像学游泳,不能单靠游泳池(硬件),也不能单靠水(软件),还要有好教师,而好教师一定是拥有科学、先进教育理念的教师。

其次,建设符合需要的资源库。没有丰富的信息资源,就如同"有车无货"。学校资源库建设必须用开放的、相对统一而又反映学校特色的标准,以整合知识内容为核心,而不是简单地堆砌离散信息,尽量做到素材的标准化,适用于不同软件的使用。各类素材应注重交互性与可操作性,适合开展实时的互动教学。

再次,以人为本开展培训。最理想的课件是创意与设计都由使用者完成,最好的办法就是让一线教师学会在制作课件时,将先进的教育理念、个性化的教学特色融入课件之中。因此,教师的信息素养的提高就成为"整合"的根本性问题。

第二节　信息化时代对教师能力的要求

随着教育信息化进程的加快,多媒体技术、通信技术、网络技术等已逐渐渗透到教育的各个方面。互联网、电子邮件、卫星远程通信、传真通信、虚拟现实等新的教育媒体的运用,强烈地冲击着人们的教育思想观念,改变着教育教学的环境、过程、方式和方法。信息时代一方面要求培养学生的学习能力和创新能力,另一方面要求教师的角色也要发生转变,提高教师的教育技术能力。

一、信息时代要求培养学生的学习能力和创新能力

(一)信息时代要求培养学生的学习能力

随着 21 世纪的来临,以多媒体技术和网络技术为核心的当代信息技术,正以惊人的速度改变着人们的生存方式和学习方式,信息、知识

呈几何级数急剧增加。人类的科学知识在 19 世纪是每 50 年增加一倍；20 世纪 70 年代是每 5 年增加一倍，20 世纪 80 年代是每 3 年增加一倍；而在信息时代，数字化的信息量则是 12 个月翻一番。为了应对这个变化的世界，每个人都要有强过以往任何时代的学习能力。学习能力可以说是人类获得个体行为经验所必需的能力，它具体表现为：获取信息的能力（包括感知能力、阅读能力、搜集资料的能力），加工、应用、创造信息的能力（包括记忆能力、思维能力、表达能力、动手操作能力、创造能力等），学习的调控能力（包括确定学习目的、制订和调整学习计划、培养学习兴趣、克服学习困难等），自我意识和自我超越的能力。

（二）信息时代要求培养学生的创新能力

在知识经济时代，国家的创新能力包括知识创新能力和技术创新能力，是决定该国在国际竞争和世界总格局中的地位的重要因素。

具体说来，创新能力是人类所具有的运用一切信息创造出某种新颖、独特、有社会价值或个人价值的产品的能力。从思维活动的过程来看，创新能力作为一种复杂的高层次的智慧活动，是多种认知能力、多种思维方式共同作用的结果。它要求人们具备扎实的基础知识、广阔的视野，以及善于综合开拓新领域的能力、掌握创新知识的方法论，尤其是具备良好的创造技能。它反映的是创新主体的行为技巧和运用能力，主要包括信息加工能力、动手能力、熟练掌握和运用创新技术的能力与创新结果的能力。它是深刻的认知能力、敏锐的观察能力、丰富的想象能力、创新性的思维能力的综合体。其中深刻的认知能力是基础，敏锐的观察能力是关键，丰富的想象能力和创新性的思维能力则是其重要支柱。

现代教育技术要求教师改变过去的教学观念，从以传授知识为主转变为侧重学生能力的培养。在信息社会中，知识更新快，学习者在学校学习的知识只是其人生中所学知识的一小部分。因此，教师传授的知识是远不能满足需要的，每个人必须学会自己学习。在教学过程中，教师不仅要注重讲授知识，更重要的是培养学生的能力。在课堂教学中教师可采用研究型教学方式，使学生积极参与、主动交流，帮助学生发现规律、掌握知识，激发学生的创造欲，促进学生的思维能力、想象能力和创新能力的发展，培养学生的科学精神。

二、信息时代要求教师角色转换

信息时代教师角色的转变主要表现在以下几个方面：

（一）教师应做学生的指导者

在网络时代，学生很容易从外部数据资源中获取信息。教师的角色不再是信息的垄断者、良好知识系统的讲师或演示者，其主要功能已从"教学"转变为"引导"教学。教师的主要职责应该是组织课堂教学活动，引导学生进行交流，引导学生思考和回答他们的疑问，使学生最终能够独立学习，并在课程结束后继续独立学习。师生关系的定位应该是以学生为中心、以教师为辅助，而不是以教师为中心、学生为辅助。

（二）教师是学生知识的意义建构的促进者

在建构主义的学习环境中，教师的角色将不再局限于清晰地解释或呈现一组组织良好的知识，更重要的是，它是激发学生的学习兴趣，努力促使学生尽可能将当前学习内容中反映的东西与他们已经知道的东西联系起来。它提示新知识和旧知识之间联系的线索，帮助学生构建当前知识的含义，尽可能组织协作学习，进行讨论和交流，引导协作学习过程，使其朝着有利于知识意义建构的方向发展。如提出适当的问题，激发学生的思考和讨论；在讨论中，尝试将问题逐步引导到深层，以加强学生对内容的理解；激励和引导学生发现规则，评估和纠正自己的错误。

（三）教师是信息资源的提供者和设计者

教师应选择合适的教学媒体并进行相应的设计，发挥各种媒体在教学中的优势，为学生深化学习提供支持。在基于多媒体计算机和网络通信技术的学习环境中，为了支持学习者积极探索和完成所学知识的意义建构，教师应在学习过程中为学习者提供各种信息资源并设计信息资源。教师有两项任务：第一，确定主题所需的信息资源类型，以及每种资源在学习过程中的作用；第二，担任全职在线信息咨询顾问。这不仅要求教师掌握多媒体技术和相关的网络通信技术，学会在互联网上查找信息，能够设计和开发先进的教学资源，并将其融入教学活动，为学习者创造必要和最佳的学习环境，同时也要求教师帮助学习者学习如何获取和有效利用信息资源，完成知识的主动探索和意义建构。

（四）教师是协作者

基于网络的技术构建了一个全球教室，并使地理研究单位和相互分离的个人之间的合作成为可能，这为更公平地获取知识和信息提供了一种途径。同时，它也对教育改革提出了重大挑战。首先，建立新型的合作关系，改变以往系统的分离和个人工作的分离。网络环境下的合作可以是不同国家或地区的教师在教学准备过程中的合作，如设计课程、讨论教学方法和教学模式的创新、分享经验、讨论难题的解决方案以及合作开发教学软件；它也可以是师生之间通过网络进行的正式或非正式的交流和讨论，以促进学生在合作学习环境中发展批判性思维和创造性思维的能力。

在传统的教学中，教师们试图通过小组合作来完成一些事情或解决一个难题。然而，传统教学中的合作仅限于教师，教师之间的合作范围很小，学生的参与很少。建构主义学习理论特别强调协作学习，并将"协作"视为建构主义学习环境的重要组成部分之一。这里的合作是一种新型的相互合作。它强调学生的参与、学生在教师的组织和指导下的讨论和交流、对各种理论观点的共同批评和审查、对问题提出自己的观点、论点和相关材料，以及对他人观点的分析和评论。通过这种协作学习，教师和每个学生的思维和智慧可以被整个学习群体共享，整个学习群体可以共同完成所学知识的意义建构。多媒体和网络通信技术的发展为这种新的协作学习环境提供了技术支持。在这种新的协作学习环境中，教师作为群体协作者的作用体现在组织协作学习、指导协作学习过程以及与学生建立良好和谐的师生关系。除了师生之间的协作学习之外，教师还可以通过网络交流进行超越时空和地域界限的协作，打破以往封闭的自锁、独立和孤立的学习和研究。

（五）教师是课程开发者

教材编写是教材的第一步,教师备课和教学是教材的第二步。在传统教学中,教师作为课程开发者的角色也存在,但在信息时代,在建构主义学习环境中,教师的课程开发者角色发生了巨大变化。教育技术专家指出,教师在制定课程体系时需要有一个建构主义的视角,他们必须考虑到社会生活各个方面的剧烈变化对课程体系和教学模式的影响。在制定新课程体系时,我们必须与其他教师合作,将社会需求放在首位,改变传统课程体系的一些内容,以一系列新技能和技能为基础重新定义课程体系和课程结构,重组课程的教学形式和策略,不断评价和完善新课程体系。这无疑是对教师的巨大挑战。

（六）教师是反思者与教育研究者

反思是提高教师教学能力的重要途径。教师应不断反思和评价自己的教学工作,提高对教学活动的洞察力,发现和分析存在的问题,并提出改进方案。此外,教师还可以相互观察、分析、讨论和交流,帮助彼此发现问题,共同提高教学水平。

作为教育研究者不仅是提高教师专业水平的必然途径,也是实现教师自我价值的重要方面。当新技术将教师从繁重的教学工作中解放出来时,教师将有更多的时间和精力从事教育研究,实现从"教师"到"研究者"的角色转变,成为真正的教育专家。著名教育家叶兰教授认为,以往对知识传递功能的强调使人们忽视了教师工作的创造性特征。信息时代的教师将面临越来越多的创新教育和教学问题,如研究如何使学生提高处理信息的能力,研究不同学习情景对学生学习的影响,研究如何利用新技术提高学生的高水平思维和解决问题的能力,评估和修改网络提供的教材,并为多媒体设计提供材料和数据。

教师的教育研究能力主要是指研究学生和教育实践的能力。教师研究能力的进一步发展是探索和创造新的教育问题、思想、方法等方面,运用各种经验和知识,全面、创造性地形成解决新问题的能力,使教师的工作更具创造性和吸引力。此外,教师创新意识和能力的形成及其在教育实践中的成功,将使他们高度重视学生创新意识和创新能力的培养。毫无疑问,这是未来教育希望实现的价值。

(七)教师也是学习者

未来社会是一个终身学习的社会。教师职业的特点决定了教师必须是终身学习者。教师的责任之一是自己的培训,教师必须终生不断地培训自己。为了适应现代社会的挑战,为了学生的未来,教师应不断接受新知识,转变教育观念,尤其是掌握现代教育技术,具备运用现代教育和教学媒体的能力,并借助技术手段进行学习,发挥现代教育技术的作用,提高教育质量和效率。

综上所述,信息时代教师的角色将发生重大变化,信息时代对教师的能力提出了更高的要求。教师不仅要精通教学内容,熟悉学生的心理特征,掌握学生的认知规律,掌握现代教育技术,充分利用人力学习资源,设计和开发有效的教学资源,对学生的学习给予宏观指导和具体帮助,还要不断提高自身素质。因此,教师的新角色比传统的知识传播角色更加多样化和复杂。

第三节　信息化时代教师应具备的教育技术能力

虽然我国中小学教师在不同程度上也接受了信息技术相关的培训(如办公自动化培训、教育技术培训等),但在信息技术教学应用能力方面仍有很大提升空间。应用信息技术优化课堂教学的能力为基本要求,主要包括教师利用信息技术进行讲解、启发、示范、指导、评价等教学活动应具备的能力。应用信息技术转变学习方式的能力为发展性要求,主要针对教师在学生具备网络学习环境或相应设备的条件下,利用信息技术支持学生开展自主、合作、探究等学习活动所应具有的能力。

为了提高我国中小学教师的教育技术能力,促进教师的专业发展,教育部于2004年12月25日颁布了《外籍教师教育技术标准》,颁布了《中小学教师教育技术能力标准(试行)》(以下简称《标准》),这是我国

第一部中小学教师专业能力标准。它详细规定了中小学教师应具备的教育技术能力要求。

中小学教师教育技术能力标准的具体内容如下：

一、意识与态度

"意识和态度"不仅是能力建设的动力,也是培养反思能力和可持续发展能力的长期动力。认识到教育技术的重要价值是教育技术能力建设体系的重要推动力,也是教育技术应用的前提。应用教育技术的意识和态度主要包括以下内容：

1. 重要性的认识

在"对重要性的认识"中,该标准从国家教育改革、教师专业素质和教学过程三个层面提出了要求,引导教师从宏观到微观层面分析教育技术的实际价值,实现教育的最终目标——培养创新人才。

2. 应用意识

该标准将"应用意识"分解为教学过程应用、教学改革应用、丰富学习资源应用和新技术应用,并指导教师在各种教学实践中体验和分析教育技术的实用价值。

3. 评价与反思

《标准》在"评价与反思"中,要求教师在教学实践中形成对教学资源的利用、教学过程、教学效果与效率等进行评价与反思,引导教师在实践的基础上进行评价与反思,通过评价与反思落实实效。

4. 终身学习

《标准》从"教育技术作为学习对象"和"教育技术作为学习工具"两个角度说明了教育技术在教师的专业能力发展中的作用。教育技术既是教师完善自身素质结构过程中的学习对象,也是教师专业能力发展过程中的学习支撑工具,在实现教师专业终身发展中具有双重价值。

二、知识与技能

理解和建构教育技术的"知识与技能",结合已有知识和教学经验,建构面向实践的教育技术知识和富有认知灵活性的教育技术技能,这是应用教育技术的基础。为了能够有效利用教育技术,教学人员要积极学习应用教育技术所必需的教育理论与观念、信息技术知识与技能、教学设计方法、资源选择与开发的技术及方法、教学应用的模式与结构等教育技术的基本知识与基本技能。应用教育技术的知识与技能主要包括以下内容:

1. 基本知识

《标准》在"基本知识"中规定了教师必须具备的教育技术基本知识:了解教育技术基本概念;理解教育技术的主要理论基础;掌握教育技术理论的基本内容;了解基本的教育技术研究方法。教育技术基本知识是理解和掌握教育技术实践的基础,教师应该在自己应用知识和教学经验的基础上,理解教育技术的基本概念、理论和方法,形成合乎教育技术规律的知识结构。

2. 基本技能

《标准》在"基本技能"中规定了教师必须具备的教育技术基本技能:掌握信息检索、加工与利用的方法;掌握常见教学媒体选择与开发的方法;掌握教学系统设计的一般方法;掌握教学资源管理、教学过程管理和项目管理的方法;掌握教学媒体、教学资源、教学过程与教学效果的评价方法。

三、应用与创新

教育技术的最终目的是教学应用与教学创新,即从各类实际需要出发全方位、开放性地"应用"教育技术,在实践中谋求"创新"与突破。教育技术应用与创新的关键是进行教学设计与实施、信息技术与课程整合、自主学习与协作学习等。教育技术的应用与创新主要包括以下内容:

1. 教学设计与实施

《标准》对教学过程中各个阶段教师教育技术的应用提出了明确的要求,既包括课堂教学的教学设计和教学准备阶段,也包括课程教学实施和教学管理阶段,还包括课程教学实施中和实施后的教学评价阶段。

2. 教学支持与管理

《标准》从设计、应用教学资源以优化教学环境到对教学资源、学习活动、教学过程进行有效管理等方面对教师提出要求,从单纯关注教学设计到关注学生的学习需求向学生提供优化的学习环境和学习资源,并对学习环境和学习资源进行有效的管理。

3. 科研与发展

为了提高教学效果,在教育技术应用的过程中,必须加强教育技术应用的研究。《标准》要求教师将教学与科研相结合,研究教育技术如何与具体学习相结合,如何更好地发挥教育技术在学科教学中的作用,使教育技术不断深入到学科教学中。

《标准》还从利用信息技术学习业务知识、发展自身的业务能力等方面对教学提出要求。

4. 合作与交流

《标准》要求教师充分利用教育技术加强与校内教师同行和教育管理人员的交流互助,整合各类资源;借助教育技术与异地的教师开展专业研讨和合作教研,通过教育技术寻求专家答疑和专业支持。这样就将教育技术的应用范围从课堂教学内拓展到课堂教学外,甚至利用互联网等现代教育技术实现随时随地地合作与交流。

四、社会责任

教育技术在为教育、教学和学习带来诸多便利的同时,也带来了一系列的社会问题和各种各样的负面影响。教育技术的社会责任主要包括以下内容:

1. 公平利用

在教育技术应用过程中,由于学生个体差异的存在,不同性别、不同家庭经济背景的学生之间必然产生很大的差别。教师在学校层面配置和组织学生使用教育技术时,应有意识地为女童、家庭贫困学生及各类学习障碍学生创造平等使用技术的机会,有意识、有目的地缩小这种差别。

2. 有效应用

在教学设计、教学实施、教学支持和教学管理等各个环节中规划和使用教育技术时,要充分考虑不同起点水平、不同学习能力、不同认知风格的学生,为不同学生利用教育技术开展学习创造合适的条件,并为学生的个性发展留下空间。

3. 健康使用

注意结合教学中的教育应用实例,引导学生通过观察、体验、思考、讨论等方式,辩证认识现代技术的利弊,逐步形成适度应用现代教育技术的健康习惯,避免学生过分沉溺于互联网等现代技术。同时,逐步养成识别和主动远离不健康信息的习惯,培养合理防范自己信息安全和人身安全的意识和能力。

4. 规范行为

教师要结合教学活动中的教育技术应用,渗透相关法律的教育与讨论,促进学生的理解和内化。同时,要结合实际案例和具体活动指导学生以合乎规范的方式使用现代技术,通过行为指导和教师本身的示范逐步规范学生的行为。

第四节　教育信息技术能力标准

随着科技的发展,技术在不断地改变人们的生活。到了当前,与之前的农业革命、工业革命相比,技术革命的发展速度更快,它对人们的工作、学习、生活的影响也更广。技术革命改变了人们的生活,也改变了教育。技术已经改变了学生的学习方式,也改变了学生与知识的互动方式、与同学的协作方式以及从教师那里接收反馈信息的方式。对于教师而言,信息化教学手段也不仅仅是多媒体教室、PPT 这样的初级信息化应用,现在的信息化教学应用需要在教学理念、教学设计上具备信息意识,把各种信息手段恰当地运用到教学中去。使用信息技术可以极大地丰富教育教学形式,真正让学生体会到信息时代下知识传授的开放性、灵活性。

为落实教育规划纲要,构建教师队伍建设标准体系,教育技术能力标准从四个能力素质维度(应用教育技术的意识与态度、教育技术的知识与技能、教育技术的应用与创新、应用教育技术的社会责任),分三类人员对教师的教育技术能力标准进行规范(表 2–1)。《标准》以"意识与态度"为动力,以"知识与技能"为基础,以"应用与创新"为目标,以"社会责任"为价值导向。

表 2–1　中小学教师教育技术能力标准框架

教学人员 教育技术能力标准	管理人员 教育技术能力标准	技术人员 教育技术能力标准
意识与态度	意识与态度	意识与态度
知识与技能	知识与技能	知识与技能
应用与创新	应用与创新	应用与创新
社会责任	社会责任	社会责任

依据教育技术能力标准,教师的教育技术能力具体分为信息需求意识、信息应用与创新意识、对信息的敏感性与洞察力以及对信息的兴趣

与态度；教育技术的基本理论与方法、基本操作技能、信息的检索加工与表达、信息安全与评价；教学设计、教学实践、信息技术与课程整合、自主学习与协作学习；信息利用及传播有关的道德、法律、人文关怀等。

2014年6月，为构建教师队伍建设标准体系，全面提升中小学教师信息技术应用能力，促进信息技术与教育教学深度融合，教育部研究制定了《中小学教师信息技术应用能力标准（试行）》。

在《信息技术应用能力标准》中，除了对教师个人技术素养提出要求外，重点是对应用信息技术优化课堂和转变学习方式提出了要求。在此标准中，对中小学教师的信息技术应用能力的定义为"中小学教师运用信息技术改进其工作效能、促进学生学习成效与能力发展，以及支持其自身持续发展的专业能力"，将它作为"教师专业能力"子集的范畴界定得更加清晰。

《信息技术应用能力标准》从技术素养、计划与准备、组织与管理、评估与诊断学习与发展等五个维度展开，以培养教师应用信息技术优化课堂教学的能力为基本要求，主要包括：教师利用信息技术开展讲解、启发、示范、指导、评价等教学活动应具备的能力；应用信息技术转变学习方式的能力为发展性要求，主要针对教师；在学生具备网络学习环境或相应设备的条件下，利用信息技术支持学生开展自主、合作、探究等学习活动所应具有的能力。

第五节　现代教育技术对教师专业化发展的促进

一、从"师范教育"到"教师教育"的转型

综观我国改革开放三十多年以来的师范教育，主要经历了师范教育阶段、师范教育向教师教育转型阶段和教师教育阶段。从师范教育到教师教育，这一过程不仅仅意味着术语概念的转变，更象征着教师培养观念的根本性变革，也是国际教育发展的必然趋势。随着教育理论的不断更新和教师教育自身的发展，传统的"师范教育"已经不能反映出教师培养的实际状况，更不能服务于教师的持续成长和发展。2001年5月，

我国在《国务院关于基础教育改革与发展的决定》中首次使用"教师教育"的概念，取代了长期使用的"师范教育"一词，提出要"完善以现有师范院校为主体，其他高校共同参与、培养培训相衔接的开放的教师教育体系"。2011年10月，教育部颁布的《教师教育课程标准》也是立足于国际教育发展趋势，旨在推动从"师范教育"到"教师教育"的观念更新，尤其是推进教师教育课程体系的整体变革。相对于曾经的师范教育，"教师教育"与"师范教育"的不同之处主要体现在以下几个方面：

第一，教师培养模式从职前教育走向终身教育。师范教育是一种教师的职前培养教育，而教师教育不仅是指教师的职前培养，还包括教师的职后培训和继续教育。可以看出，传统的师范教育是一种终结式的教育模式，与职后教育没有必然联系。虽然师范教育被界定为"包括职前教师培养、初任教师考核试用和在职培训"，也就是说，教师可以到教育学院、教师进修学校接受在职培训，但这些在职培训机构与承担职前教师培养的师范院校归属于不同的教育管理部门，它们在办学体制、课程设置、资源配置等方面没有相应的沟通机制，这就意味着取前教育、入职教育、在职教育是互不相关的，这显然不利于教师的专业发展和职业成长。而教师教育的概念不再局限于职前教育，而是将职前、入职、职后三个阶段相贯通，这是一种基于终身教育思想的连续性教师培养模式。在终身学习的教师教育体系中，教师的学科知识以及其终身获取与追求知识的意愿和能力，可以在大学的学习生活中养成；教育理论、学生成长变化等知识可以通过教师的职前专业培训来实现；而真正的专业态度和价值观只有在实际的工作过程中才能逐渐形成；在教师工作岗位上，教师还需要通过持续的继续教育以达成专业知识的更新和专业能力的发展。

第二，教师教育机构和教育对象发生了变化。在传统的师范教育阶段，其主要任务是为中学、小学和幼儿园培养合格的教学人员，分别由幼儿师范学校、中等师范学校和高等师范院校承担该项任务，在师范教育向教师教育转型发展过程中，中等师范学校和幼儿师范学校被撤并，教师职前培养只保留了师范专科学校和师范本科院校两级，即由原来的三级师范教育体系变为二级教师教育体系，进入教师教育阶段之后，教师培养机构就不再局限于师范院校，综合类院校、非师范院校也可以培养教师，而且培养对象大大扩展，不仅有中小学、幼儿园教师，还包括高等学校教师、职业教育教师、成人教育教师等在内的各级各类教育师资。在开放、多元的教师教育体系中,传统师范院校将被迫面对垄断教师培养时所不曾遇到的挑战,从而不得不加大改革与创新力度,以提高其人才培养力量。即是说,传统师范院校可以在现有基础之上不断夯实自身的培养优势,加强教师专业教育;而综合性院校、非师范院校也可以根据自身的实际情况,通过开办教师教育学院、开设教师教育课程等途径为有从教意向的大学生提供指导和支持。

第三,从强调教师职业的伦理性逐渐转向重视教师职业的专业性。从"师范"二字来看,我国历来对"师范"二字赋予了更多伦理学的色彩,对教师过于强调师德师风的重要性,要求教师必须要有高于其他职业的高尚道德情操。唐代韩愈指出,"师者,所以传道授业解惑也"。汉代扬雄说,"师者,人之模范也"。著名教育家陶行知先生的名言"学高为师,身正为范"更是被当作教师职业道德的最凝练的概括,还被诸多师范院校奉为校训。叶圣陶先生也说,"教师的全部工作就是为人师表"。这些都充分表明,在师范教育体系下,教师的思想和行为是学生乃至世人学习的典范,所以培养教师不只是要使其掌握相关的学科知识与教育教学能力,更要重视对其进行师德的熏陶。而教师教育将教师视为拥有相应的专业知识,能够根据其特有的专业经验,为特定对象提供专业服务的专业化职业。因此,教师教育是将教师看作一项必须经过一定专门训练的专业性职业,而不是仅仅看重师德师风为主的伦理性职业。

伴随着教师职业的专业化,教师角色的定位也发生了转变。在以往的师范教育体系下,教师只是纯粹的教育工作者,而教师教育体系下的教师,不仅仅是教育工作者,同时还是教育科学研究人员。教师的教育科研能力是根源于教育实践而又有所超越和升华的创新能力。然后,以科学认识促进自身教学效果的不断改善,并运用研究成果引导学生从事创造性的活动,从而培养学生的创新意识和创新能力。

二、教育技术对教师教学技能训练的支持

技能与能力是密切相关的。能力是指人能顺利地完成某种活动的个性心理特征,我们往往要借助于多种能力的结合才能完成某种活动。《辞海》(1999年版)认为,技能是指运用实践知识和经验进行有目标活动的能力。关于教学技能,国内外学者从不同的研究视角出发,基于不同的理论基础和定义范畴,得出的结论也不尽相同。

　　教师在每节课结束之后都需要进行教学反思。受训者也要在进行自我分析和接受他人评价之后,重新修正教案;并在实践中不断使用、修改和充实教案的内容。受训者也可以采取写反思日记的方式帮助认识自身的不足,以便于更好地改正。这种方式非常有助于受训者的快速有效成长。然后,受训者根据上述反思修正和开始新一轮的授课。

　　总之,课堂实录作为一种简便易行的培训方法,借助于具有摄像功能的器材(照相机、摄像机、DV 等),就能够将转瞬即逝的课堂教学过程记录下来,具有很强的实际操作性,它的作用是不容忽视的,从而对课堂教学效果的持续改善产生深远的影响。需要注意的是,受训者的动机和个性是影响课堂实录培训效果的重要因素,受训者的知识储备、性格、人际关系、工作态度等因素也会对培训效果产生很大的影响,因此,在实际的培训过程中,应注意根据受训者个体差异,进行适当的沟通和调整。

第三章　师范生教育技术能力发展与培养

　　自 2004 年《中小学教师教育技术能力标准(试行)》颁布以来,教育部启动了"中小学教师教育技术能力建设计划"。全国自上而下已经多次开展了中小学教师教育技术能力培训。经过各种培训,中小学教师的教育技术能力有了较大的提高。在提高教育技术能力的意识上,许多教师对教育技术的具体操作模式有了解,但对教育技术的基本概念、基本原理还不是很清楚。同时,需要注意的是,师范学院培养的学生大部分要走向讲台,很多师范生毕业之后,缺乏教师的基本素养,在走进校园之后,难以承担基本的教学任务,阻碍了这些学生的快速成长。

第一节　教师教育技术能力现状分析

近几年的教育技术培训覆盖面还是比较广泛的,在培训内容上,学科教师对培训的需求大多集中在教学媒体操作技能方面,对于教育技术理念、方法、教学设计的需求不多,但这并不表示教师们对教育技术理念、方法、教学设计的掌握已足够,而是对这些内容的重要性的认识还不够。在教师教育技术技能和网络教学能力上,能熟练掌握和大致知道的约各占一半;信息化教学应用情况是,使用或经常使用多媒体的占了一半以上。

基于以上分析,我们了解到,提升教师信息技能的培训已开展多年,教师们已具有强烈的使用教育技术的意识,并且他们基本的教育技术能力也有了很大提高。现在的培训目标和任务已从教育技术技能的掌握发展到教育技术与学科教学整合的本质层面,即教学设计上了。

一、师资信息化素养不足

(一)教师信息化素养不足

现代化的教学媒体,新的教学模式、教学方式、教学技术,给教师带来了新的难题。教师不仅要了解信息技术理论,还要了解和掌握如何使用现代化的媒体,如何选取和使用各种教学软件,如何进行教学设计,探索和创造新的教学方法和技巧等,教师信息素养不足是制约信息化推进的瓶颈问题。教育信息化的过程是教师教育素养、学科素养和信息技术应用整合的过程,最终的目标是实现学生学习方式和教师教学方式的根本变革,而不是实行"电灌"甚至"电灌"加"人灌"的"人机共灌"的"新技术"和"新手段"。

（二）信息化专业师资力量缺乏

目前,中小学信息技术教师师资力量短缺,其中多数教师是从其他学科转行或是兼任的。有些信息技术教育课老师虽然掌握计算机基础理论知识,具有较强的计算机和计算机网络操作能力,却对现代教育思想、教育观念和学与教的理论缺乏了解,无法在教学设计理论的指导下,将现代信息技术有机地整合到学科教学中去,使教学过程达到最优化,能在教学中熟练掌握和应用现代信息技术,利用互联网＋教育模式,搜索、检索所需信息并有效加工的教师更是少之又少。

总之,能满足信息化教育所需要的具备专业能力强、信息素养高等条件的教师数量不足,严重影响着信息化教育的实现、普及与提高。

二、信息化教学观与时代发展需求的不对称

（一）穿新鞋,走老路

穿"技术"新鞋,走"传统"老路,教育观念的落后已成为制约信息化教育发展的关键,尤其对教育信息化发展在推动我国教育"面向现代化,面向世界,面向未来"方面的重要作用认识不足。尽管有许多学校较多地运用了信息技术,装备了信息化设备,但教学水平仍停留在传统教学模式上,将文字、图像平移到多媒体或一体机上,没有充分体现信息化教育的特色。

（二）"技术至上"主义

早在 20 世纪 70 年代末,我国电化教育事业的开拓者和奠基人南国农教授就明确指出:"电化教育姓教不姓电。"信息化教育的本质应该是教育,其支撑的基础是技术,技术要在相应的教育理论的指导下使用才能发挥更高的效能。我们很多教师把教育媒体等同于信息化教育,从而导致当前信息化建设中的"重技术、轻理论"现象,使信息化教育落入了"唯技术论""技术至上"的窠臼,延缓了信息化教育实现的进程。

（三）只说不动，措施无用

从 21 世纪初信息化教育兴起开始，就有专家学者对其存在的问题进行研究并提出了一些解决建议，但仍然如一位参加过信息化培训的中学校长所言：听专家报道，听了感动。看先进学校的成果，看了激动。回到自己的学校，就是不动。原因呢？很简单，因为很多实际问题难以解决落实。

三、教师信息技术素养内化节奏不强

教师同学生一样，信息技术素养并不是一时铸就，一日获得，同样有一个不断学习、不断深化的过程。这种信息技术教育包括三个层面的涵义："领进门""个性塑造"和"文化内化"。

第一个层面为"领进门"的层面。就是说，只要把一个陌生的学习者领进门，告诉他注意事项和基本游戏规则，消除其停留在门外的神秘感，剩下的事情就可以让他自己去做了。这种特征是当今基于菜单操作的 Windows 或手机安卓、苹果系统或是所有工具平台或是一般软件通有的，甚至出现这样的情况，当学习者掌握了某种工具软件之后，可以很容易地触类旁通其他类似工具软件。

第二个层面为"个性塑造"层面。在这个层面上，每一个应用者沿着自己的特殊道路去翻查、探究工具软件的某些功能，形成自己的一套使用操作习惯，塑造出不同于其他的个性，足以应付自己的应用需求。这种特征是一个极其普遍的特征。只有极少部分人，比方说专业教师或者是某些"专门家"会详细了解工具软件的所有功能细节。对大部分人来说，虽然已经能够熟练地使用某个工具软件，也会有许许多多从来不曾"走"到的角落，有许许多多从来不曾使用过的功能，但是寻找和探究每一个角落，翻查每一层菜单，没有十分必要。

第三个层面为"文化内化"层面。这个层面上的特征是通过足够时间对信息技术工具的使用和对信息环境的接触，获得对信息环境中社会、伦理、文化、技术的一般性了解和认识，个人的信息运用成为自然而然的需求，信息技术文化内化为个人的自然意识。

"领进门"和"个性塑造"是达成"文化内化"的基础，而"文化内化"

是"领进门"和"个性塑造"两个层面的本质升华,三个层面构成相辅相成的统一整体。信息技术文化包含两个部分:由于信息技术特征的存在而产生的关于信息技术本身文化的部分和借助信息技术延伸、接触、扰动其余文化侧面的部分。外在表现上,要使教师掌握信息技术、认识和把握信息技术文化。内在意义上,要使信息技术文化内化为教师的自然意识和自然需求,面对具体的事务,第一反应就是在信息环境中取得各种工具,使用工具再行创造,服务于教育教学。

第二节　信息时代的师范生信息素养

作为未来基础教育的一线教师,高校师范生的信息素养水平将影响到中小学教育的整体发展水平,关系到未来创新型人才和信息化人才的培养。

一、师范生信息素养的培养

教师能力是搞好教学活动的重要因素。无论是顺应时代的要求,还是适应信息教育的发展,还是从教育体系本身来看,教师的信息素养都应该得到充分的重视。师范毕业生是我国中小学教师的主要来源。提高师范生的信息素养是有效提高我国中小学教师整体信息素养的一项根本性措施,也是一项重要任务。以下策略可供师范生信息素养培养参考。

（一）提升现代教育技术公共课的教学效果

第一,教育技术有自己的理论体系和理论基础,是完整的、系统的。它必须包括理论基础、硬件设备的原理和操作、教学软件的设计和制作、多媒体技术、网络技术、远程教育技术、教学现代教育技术的应用、设计和管理。

第二,它必须突出其正常性质。学生通过本课程的学习,可以将教育技术的相关理论与本学科的课程相结合,促进教学改革。

第三,现代教育技术公共教科书应成为现代教育技术应用于教学的模式,使学生在体验教育技术的过程中接受教育技术,在体验教育科技的过程中学习教育技术。因此,无论是组织基于讲座的理论知识集体教学、基于网络资源的自主学习,还是任务驱动的技能培训,都应突出教育技术的特点。

第四,现代教育技术公共课教学的主要目标不是培养现代教育技术专家,而是培养普通师范生的实际应用能力。因此,在教学内容的安排上,应注重实践应用能力的培养。在教育技术公共课程的教学中,应组织学生基于网络资源进行至少 1 ～ 2 个主题的学习。

（二）在学科教学论（法）课程中突出信息化教学设计与信息化教学实践能力的培养

师范生信息支持的价值取向是,师范生可以在未来的教学岗位上应用信息技术,有效提高教学效果,即师范生的信息素养最终应落实到教学能力中。因此,信息素养在学科中的应用是信息素养培养的最终落脚点。

几乎每个专业的所有常规教学计划都有学科教学理论（方法）,课程通常包括实践环节,如编写教学计划、微格教学技能培训、教学实践等。在当今的学科教学论（方法论）课程中,各师范专业应重视信息化教学设计和信息化教学实践能力的培养;突出网络信息资源、多媒体素材、多媒体课件、多媒体教学设备等的应用;应为学生提供基于信息的教学环境,作为教学技能培训的场所,如设备齐全的小型教室。在微格教学技能的训练中,应强调学生控制课堂和多媒体设备的能力。在组织教学实践时,我们还应选择成功使用信息技术的示范课程。

（三）提倡在专业课程教学中使用信息技术

基础教育改革要求信息技术与学科课程整合。高等师范院校培养的学生正面临着基础教育的第一线。因此,高师院校的教学应率先实现信息技术与学科课程的整合。师范院校一般在教学设备上配备多功能教室语音实验室、多媒体网络实验室和相应的视听设备。因此,高师院校应在学生专业课程教学中积极开展信息技术与专业课程的整合。合理设计和使用教学媒体辅助教学,一方面可以提高教学质量和效率,另一方面可以使学生在学习专业课程的过程中潜移默化地提高教育技术的应用意识和实际应用能力。学科课程教学是培养和提高师范生信息意识的重要阵地。

(四)学校应发挥图书馆在信息素养教育中的作用

在每门课程的教学中,教师应认真指导学生如何使用图书馆,例如如何使用图书检索系统快速找到他们想要借阅的图书,如何使用数字图书馆快速、全面地检索权威文献和资料,是否需要学生扩展课堂知识,或要求学生独立学习以获得学习资源,或撰写课程论文。这些对于未来想从事教学和研究的师范生来说非常重要。

(五)建立合理的信息素养评价标准

师范生的信息素养培养结果应以中小学教师的信息素养要求为依据。信息素养的评估应包括以下方面:信息意识、对信息的理解和态度、创造性地获取、处理和使用信息的能力,以及信息伦理和安全。建立合理的信息素养评价标准,严格按照标准评价学生的学习成绩,有利于提高学生的信息素养。

二、教师信息素养的研究趋势

教师信息素养的研究与设计应科学地建立一套多因素、多层次、独特的教师信息素养评价体系。为了有效提高我国教师信息素养实证研究水平,不仅需要进行多学科理论整合,而且需要在典型案例实证研究的基础上,全面研究教师信息素养的评价标准和影响机制,优化对策和其他实际问题。

信息技术作为学校教育的重要环节和桥梁,整合了学校教育的各个学科,实现了教育课程的无缝整合。同时,我们应该自然地将信息技术融入学校教育的各种活动,使其成为学生学习的有机组成部分。教师的信息素养将直接影响信息技术与课程整合的效果。有必要明确教师信息素养的实践模式和技术支持模式。例如,我们将充分学习"英特尔未来教育与培训"等全球培训项目,探索教师信息素养的多元化实践模式和综合技术支持模式。

第三节　师范生教育技术能力发展与培养

一、教师专业化发展

（一）教师专业化特征

一种职业要被认可为是一种专业,应该具备如下基本特征:

（1）专业的社会功能属性。一种专门职业要具有不可或缺的社会功能,它决定了从业人员必须具备较高的专业道德规范和专业素养,以更好地履行专业职责,承担社会责任。

（2）专业的完整理论与成熟技能。这是一种专门职业成为专业的理论依据与技能保障。完整的专业理论为具体专业活动提供指导,并指明方向。它要求从事人员必须经过训练,掌握专业知识和专业技能,否则难以胜此重任。

（3）专业的自主权和组织性。一个公认的专业要有强大的专业组织以保证专业权限、专业水准,提升专业地位。

目前,我国已经有了成熟的师范教育体系、教师资格认证机制及相对完善的教师职称评定体系。这些都为我国的教师专业化提供了良好的基础。

（二）教师专业化发展取向

教师专业化与教师专业化发展是两个相通但不相同的概念。教师专业化主要强调教师群体外在的专业性提升,而教师专业化发展主要指教师个体的内在的专业化提高。教师专业化发展有两个目标取向:一是"专业发展"目标取向,即不断改善专业发展制度,促进教师专业能力发展;二是"组织发展"目标取向,即不断整合专业组织,争取更大的专业权力。

二、师范生学习现代教育技术的基本内容

鉴于现代教育技术在教育中的重要作用,要求教师必须掌握一定的教育技术技能,师范生只有在校学好这门课,才能适应未来教育发展的需要,胜任教师工作。从教师主要从事学校教育的角度来看,师范生学习教育技术的主要内容有以下几个方面:

1. 教育技术理论与方法

师范生学习现代教育技术应当以《中小学教师教育技术能力标准(试行)》为参照,明确学习现代教育技术课程的目的是培养师范生的教育技术能力,培养其运用教育技术革新课堂教学的意识,提高其从事教育教学的基本能力。现代教育技术由教育技术理论和教育技术技能两大部分构成。在教育技术学习中,既不能过于侧重理论性,也不能过于侧重技术性,应该是理论性和技术性并重,着力培养师范生的教育技术综合能力。

2. 利用教育技术进行信息技术与学科课程整合的技术

信息技术与学科课程整合作为一种新型的教学方式,已经成为基础教育教学改革的主流,也是基础教育所关注的热点问题之一。信息技术与课程整合需要借助教育技术的相关理论和方法,以现代教育技术的教育思想理论为指导,在数字化的学习环境中利用信息技术与其他学科进行整合,充分发挥信息技术、信息资源人力资源的优势,促进学生的学习。作为未来的教师,师范生应该具备信息技术与学科课程整合的意识和能力,而这种能力的培养是教育技术学习的目的之一。因此,借助教育技术手段进行课程整合的技术和方法是师范生学习教育技术的重要内容。

三、师范生学习现代教育技术的要求

（一）转变教育教学观念，正确认识教育媒体

在信息时代的今天，学生获取知识的来源已经不仅仅局限于教师和书本等传统方式，四通八达的信息网络，使他们获取知识的途径更加多元化，现代教育技术将打破时空的限制，实现面对社会全体开放的个体化教学，既实现教育的全民化，又实现保证质量前提下的教育个人化。教师对现代教学媒体的态度直接影响了现代教育技术在教学中的应用。师范生作为未来的教师，应以积极的心态迎接挑战，对新的教育技术不恐惧、不回避、不排斥，建立良好的自信心，自觉自愿地学习和运用现代教育技术。

（二）重视教育技术，努力创造良好条件

师范院校要更多更好地培养出适应新世纪的创新人才，就应积极推进教学手段的现代化进程，尤其要重视多媒体计算机及网络等现代教育技术手段在教育教学中的运用，把现代教育技术作为高校改革和发展的制高点与突破口，为学生提供必要的学习环境与条件。学生应充分利用这些条件，学习现代教育技术的相关理论和技能，有意识地开发自身的教育技术潜能。

四、教师教育技术能力培养

人类已经进入信息时代，科学技术的高速发展促进了社会、政治、经济以及人们思想观念的变革，同样也影响到教育观念的转变。教育内容的不断更新，教育手段的日益先进，正在促使教育领域进行全面的改革。

教育技术就是教育改革的制高点，教育技术的运用将导致教育思想、教学观念、教学手段和教学方式诸方面的变化，也将对师生角色及其关系产生深刻的影响。如果教师掌握了教育技术，就可以在教育改革中成功地实现角色的转变，即由单纯的"知识传授者""教学主导者"转

变为学生学习的设计者、组织者、促进者和帮助者。特别是作为教学设计者，必须掌握以现代教学理论为基础的教学设计能力，能依据学习需要来设计不同的教学过程和模式。教师运用教育技术的思想和方法，可以在系统方法的指导下，恰当地应用媒体技术来设计或创设不同的学习条件和情境，使教学媒体发挥应有的作用。教育技术在教学过程中的运用，必然会优化教学过程，提高教学质量，能够解决教学改革过程中的一系列问题。因此，教育技术能力是教师专业素质的必要组成部分。

为了加强对我国中小学教师教育技术应用能力的培养，促进信息技术在基础教育领域的有效应用，我国教育部 2004 年 12 月正式颁布了《中小学教师教育技术能力标准（试行）》。该《标准》包括"教学人员教育技术能力标准""管理人员教育技术能力标准"以及"技术人员教育技术能力标准"三个部分，其内容涉及意识与态度、知识与技能、应用与创新、社会责任四个方面。《标准》具体规定了相关人员的教育技术能力结构要求和达到各等级的培训所需的基本内容。该《标准》是指导我国中小学教学与管理人员教育技术培训与考核的基本依据，下面列出了该《标准》中"教学人员教育技术能力标准"的内容。

师范生的现代教育技术技能的培养，既要注重教育教学理论学习也要注重实践操作技能，要能灵活使用各种教育媒体，对于教学过程中经常使用的媒体设备，也要能够灵活操作使用，注重培养学生的实际使用能力，鼓励学生学习新技术，并探索将其应用于具体的教育教学中。

教育技术课程内容体系较为庞杂，需要学习的理论、技术、技能繁多，在有限的课时内难以保证学生能够掌握所有相关的知识和技能。由于专业学科背景不同，对学生的要求有较大差异，不能用统一化的课程内容去完成所有专业的教学任务。对于不同专业背景的教学对象，在教学内容上应当有所取舍、有所侧重。如对理科专业背景的师范生，可以适当增加几何画板之类的相对专业化的工具和技术的学习。总之，教育技术课程的学习内容应该与师范生的专业知识以及将来所要担任的学科课程结合起来，充分调动他们的学习积极性，增强他们的学习兴趣和动力。

师范生掌握必备教育技术技能，是教育改革的需要，是教育面向现代化的需要，应该得到师范院校的高度重视。但师范生教育技术能力的发展是一种综合性能力的培养，它既涉及理论知识的培养又涉及实践能力的培养。为了适应新时代对教师的要求，师范生既应注重发掘自身的教育技术潜能,更要充分利用各种资源使这种能力得到不断发展。

五、运用现代教育技术促进教师专业化发展

（一）运用现代教育技术更新教师的教学观念

1.教师自身的角色发生改变

当今世界科技日新月异,已经是一个网络无处不在的时代。教师作为教学系统的一个重要组成部分,应该在一个开放、自由的系统中与学生进行"视界的融合"。改变传统的教师权威角色,就是要运用现代信息技术,以互联网为平台,与学生进行平等对话与交流,打破传统教育教学观念的束缚,从自我封闭状态走向自由、开放、澄明的交互状态。

2.教师要重新定位教学活动中的学生

在传统的教学活动中,教师是知识与学术的权威,对学生进行"填鸭式"的教学;学生只是被动的、接受式的学习,没有自主权。在这种教学状态下,学生严重缺乏学习的积极性、主动性、创造性。在今天的互联网背景下,学生进行探究式学习,借助网络搜索资料进行创造性的学习。学生的学习积极性、主动性得到了充分的发挥,学生不再只是一个"井底之蛙",在某些方面很可能"弟子不必不如师"。所以,在网络的支持下,教师要重新审视自己的教学对象。

3.教师要对教育中介进行再认识

教育中介是指那些在受教育者与教育者之间起桥梁作用的物质与意识的东西,教育中介包括物质中介与精神中介。教育物质中介主要指教学工具和教学内容。传统的教学活动中教师有一支粉笔、一本教材、一块黑板就能进行教学;网络时代的教学活动中,传统的黑板加粉笔的教室已经成为多媒体教室了,教师必须具备信息技术的素质才能进行教学活动。教学的工具也发生了变化,投影仪、电脑、音响、麦克风等信息技术设备远远优越于粉笔的功能,教师需要再认识教学工具。教学内容当然不再是孔子时代的"六艺",也不再是"四书五经"和"一本一纲"（教材和教学大纲）,而是包括教材在内的多方面的知识内容。知识的获得不仅是从课堂上,还可以从生活中、从互联网上获得;知识不仅出现在书本上,还出现在网络中、电视媒体中。所以,教师要重新认识教学内容。

(二)运用现代教育技术提高教师的教学能力

近年来,随着基础教育课程改革的试验与推广、中小学教育信息化的普及、素质教育的全面推进,对传统的教学方式和教学手段进行改革势在必行。教育信息化实践证明,以信息技术为核心的现代教育技术对于改进教学、提高教学效益具有不可替代的作用。提升教师的教育技术能力水平,是促进教师专业化发展的重要方面。

教育教学能力主要是指教师的从教能力,它是教师在教学实践中将教育科学理论知识、技术内化为教师自己的应用知识和技能的过程中产生的。它不是由理论到实践的直接运用和过渡,也不是对现成的教学理论、知识和技术的被动接受,而是教师在实际的教育教学情境中,对教学场景的感知,对复杂而具体的实际问题的发现、观察、分析和对方案的寻找,经过反复的感悟、反思和研究而获得的。

第四节　学科教育技术工具的应用

一、采用多媒体教学

并非所有的教学内容都需要通过多媒体手段呈现,这是一个基本概念。多媒体教学的特点在于综合运用文本、声音、图像、动画、视频等媒体信息,生动直观地呈现教学内容。因此,一方面,教师应深入分析教学内容,根据教学内容表现的需要适当选择教学媒体;另一方面,我们也应该仔细分析当前教学对象的知识结构和认知状况。只有将教学对象的认知层次与教学内容的抽象层次结合起来,才能达到利用多媒体提高教学效率和教学效果的目的。

（一）多媒体教学技巧

多媒体的应用只是为了辅助教学活动的开展，帮助教师优化教学过程。它是一种辅助教学方法。在以学生为本的教学中，教师仍应在教学内容上投入大量精力，深入学习教材，准确运用多媒体技术，有选择、有针对性地设计和制作多媒体课件。多媒体教学只是教学方法中的一种，这些方法在教学中不能取代或替代启发式、讨论和教学方法。在课堂教学中使用多媒体教学只能优化教学方法。只有将多媒体教学方法与传统教学方法有机结合，才能更好、更有效地提高教学效果。

哪些教学内容适合用图像、动画、视频等多媒体信息展现呢？抽象的、难以理解的内容；难以观察到的微观世界、宏观世界；不易或是无法亲身经历的体验；模拟动态过程；创设教学情境，进行角色扮演。教师通常可以按以下步骤，利用"减法"思想，筛选出需要多媒体教学展示的内容：

（1）制作一个媒体选择表格。列出教学内容和需要使用的媒体，明确你需要用到的媒体并在相应的方框内打钩。

（2）统计表中媒体的选择情况。

（3）对于只需要"文字"素材的教学内容，用传统教学手段就可以了。

（4）对于选择了其他媒体的内容，需明确涉及的素材是否已经搜集或制作完整。

（5）列出尚未准备好的素材，再次确定是否有必要使用多媒体。如确实需要又有技术困难，可找学校教学技术支持部门配合完成。

多媒体教学方法不能完全取代传统的教学方法。我们应利用多媒体技术提供的良好教学环境，开展以教师为主导的现代多媒体教学方法和传统教学方法相结合的教学，优势互补，结合教学，提高教学质量。

多媒体辅助课堂教学真正体现在"辅助"上。另一方面，我们可以通过多媒体创造课堂教学情境，激发学生的学习兴趣，增强他们的自信心。要实现这一目标，我们需要充分认识到教学的主体是学生，与学生建立和谐的师生关系，改变传统教学中教师占主导地位、学生是客体、教师是课堂管理者的旧观念，教师应成为组织者、引导者，学生学习的促进者和助手。改变教学模式，因材施教。教育技术的应用改变了传统教学的单一教学模式和教学组织形式。除课堂教学外,还可以适当运用小组教学和网络辅助教学,发挥学生在教学中的主体作用。

1. 最优化原则

当课堂教学内容过多时,教师在选择教学资源时应充分考虑优化原则。没有必要将收集到的丰富的教学资源全部投入教学设计中。相反,他们应该关注自己教学内容的重点、难点和教学对象,认真选择那些有针对性、科学性、思想性、说服力和现代性的教学资源,进入多媒体教学课件,学会选择,突出重点,防止资源"泛滥"。

2. 学生主体原则

根据现代教学理论,学生既是教学对象,又是教学的主体。他们应该尽最大努力调动学生学习的主动性,让学生最大限度地参与学习过程。教师使用多媒体时,教学设计应突出中心,明确主题;使用精美的图片、生动的视听教材,吸引学生的注意力,激发学习兴趣,加深学生对教学内容的理解;通过设置适当的情境,可以引导学生积极思考和积极探索。

3. 合理利用原则

每种媒体都有自己的特点,没有一种媒体能够适应所有的教学目标。在使用和选择媒体时,应注意扬长避短,充分利用材料,充分发挥各种媒体各自的优势。

(二)多媒体课堂提问技巧

多媒体课堂教学承载着大量的教学信息,容易忽视个性化教学和学生的主动学习。"提问"是弥补多媒体课堂教学的有效方法之一。有效的"提问"可以使师生进行真诚的对话和交流,共同建构知识。问问题时要小心以下几个方面:

(1)提问的方式。教师提问时要注意方式,可以根据教学内容的需要,教学进度和课堂当时情景采取设问、反问等多种方式。

(2)提问的引导。提问时,教师应注意引导、启发学生思维,也可以引入一些网络上的看法和观点,引发学生思考。

（3）提问的时机。教师提问时,应抓住机会,选择有利于激发学生在教学过程中的思考和探索的机会。例如,在课程介绍阶段、教学重点和难点阶段、播放视频教材后等,为了加深学生对知识的理解和印象,提问的频率不是越多越好。提问频率取决于具体的教学内容、教学情况和多媒体教材。只有能够提高教学效果的问题才是有效的。否则,它们不仅是多余的,而且会引起学生的紧张。

（4）对问题总结。提出问题后,教师不仅要把问题扔给学生,还要与学生交流,总结他们的答案。应该鼓励总结,在关注学生不同观点的基础上得出科学的结论。

（三）多媒体教学的思考

多媒体技术作为教学的重要辅助工具,给高校教学带来了活力。教学中使用的多媒体与所有其他教学媒体一样,是辅助教学的工具,人的因素始终是第一位的。教师应把握自己在教学活动中的主导地位和作用,调动学生的主体作用,尽量用自己的肢体语言和话语魅力激发学生,交流教学信息,传递教学内容,调动课堂气氛。防止误用技术手段或媒体,丧失教师独特的教学风格、教学特点和适应教学变化的主动性,防止教师在教学活动中受多媒体控制,防止过度依赖PPT课件。

（1）为用而用多媒体。过分注重多媒体表现形式,忽视教学内容,频繁更换屏幕,过分强调课件的美感和光彩,使学生眼花缭乱。学生从学习者变成了"游客",影响了学生的独立思考和想象空间,违反了心理学中有意和无意注意的规律。

事实上,在教学活动中是否使用多媒体,在哪里使用多媒体,使用什么样的媒体,都必须遵循教师主导、媒体工具辅助的前提,并遵守教学规则,由教学内容决定。

（2）"多媒体"变成一媒体。无论课程性质和教学内容是否适合多媒体教学,PPT课件始终由计算机演示,其他教学媒体(如黑板、实物等)被忽略。拥有多种教学媒体的教室已成为只有PPT课件的单媒体教室。事实上,每种教学媒体都有各自的优缺点。教师应提高对多媒体教学方法的理解,充分考虑学科性质和教学内容的需要,选择合适的媒体。应该在黑板上计算什么,应该用声音和情感来演示什么,这样计算机辅助教学可以与其他教学媒体有机结合,发挥各种教学媒体的优势,提高教学效果。

（3）"机灌"教学。多媒体课件具有承载大量信息的特点。此时，教师课程内容的组织非常关键。太多的教学信息和太快的演示速度使学生紧跟其后，给人一种"头晕目眩，让人明白"的感觉，失去了积极参与教学和思考问题的时间，学生的主体地位无法得到体现。以前的"全班教学"已升级为现代"机械灌溉"教学。

多媒体技术只是教学活动中的一种辅助教学手段，其目的只是为了弥补传统教学中"一支粉笔、一本书、一块黑板、一张嘴"的局限性，使教学信息难以用传统教学手段生动地表达，多媒体技术只能在教师的指导下作为辅助教学手段。在多媒体教学中，我们应该注重人机交流和教学互动，而不是用"多媒体"取代教师的所有教学活动，更不要说违反教学规律和认知理论，盲目、过度、不重视对学生的"灌输"知识。

（4）过分依赖 PPT 课件。有些教师过于依赖 PPT 课件。这类课件通常将一些教学内容粘贴在整段中。全文如此密集，学生们一看就会感到疼痛。他们还想总结课件的"中心思想"。当教师在课堂上使用课件时，不仅没有教学效果，而且会失去课堂教学的灵魂。

无论你用粉笔在黑板上写字，还是用 PPT 向学生演示，它们都只是一种辅助教学手段，只是一种外部教学方法。教师在课堂教学中最重要的是向学生传达课程的本质，整合教师自身的思维，引导学生独立思考，实现师生互动。

（5）教育手段先进不等于教育思想先进。毕竟，多媒体教学只是辅助教学的一种手段，教师在课堂教学中起着主导作用。不是教学方法先进，而是教育理念先进。教师的教育思想和教学观念远远优于技术手段的现代化。我们不应该让我们的教室"现代化"，而头脑不是"现代化"。因此，我们应该充分认识到多媒体教学是基于现代教育理论，充分发挥学生作为学习主体的作用，激发学生的学习兴趣，创造良好的学习环境，将知识教学和智力开发与素质培养相结合。

教师在教学中应选择能体现个性风格的教学方法、教学技巧，用教师的人格魅力和富有情趣的讲解来感染学生、说服学生。

二、网络辅助教学工具的应用

（一）平台延伸课堂教学

随着网络和各种即时通信工具在高校教学领域的日益广泛应用,学习时间和空间的延长以及师生之间的持续沟通和互动已经从理想变为现实。除了课堂教学,教师还可以通过各种方式为学生的学习提供帮助和指导,如即时通讯工具、专门的学习网站、教学博客等。当然,首先推荐以课程为中心的网络教学平台。

网络辅助教学平台相当于在互联网上为教师开辟了一个专属空间。教师可以独立构建空间内容,并有权决定访问对象。

利用网络教学平台可以实现对课程教学资源的管理。教师可以在平台上发布课程相关资源,如教学大纲、教学课件和课外阅读材料;课程资源可按章节或功能属性分类,结构清晰,易于修改;可以根据教学进度的需要设置资源的释放状态,有计划、有步骤地向学生提供资源。

利用网络教学平台可以实现网络辅助和问答。这是课程学习的专用讨论区。讨论的问题重点突出,目标明确。课堂教学时间有限且短。教师和学生可以约定时间在互联网上同步回答问题。学生也可以随时提问。教师可以在互联网上回答问题,学生也可以成为答案提供者,这样师生之间和学生之间的交流和互动可以无限延伸到课堂之外。

教师还可以使用在线教学平台进行在线问卷调查,了解学生对课程学习和知识掌握的满意度;该平台可用于在线测试;该平台用于发布和更正作业。该系统还提供作业完成的统计分析。

在培养和加强学生自主学习能力的背景下,在压缩课堂教学时间的情况下,利用网络辅助教学平台督促学生备课,对提高课堂教学质量具有重要意义;利用网络教学平台加强与学生的课外交流与互动,有利于对学生实施个性化指导和帮助,实施个性化教学;加强对学生学习的监督和管理,对于提高课程学习的质量和效果,真正实现课堂教学与网络辅助教学相辅相成具有重要意义。

（二）视频展示台

视频展示台不同于胶片投影仪，其功能更为强大。利用视频展示台，教师可以把手写稿、透明普通胶片、商品实物、零部件、三维物体、实验动作等，通过摄像头清晰逼真地显示在投影屏幕上，让学生可以清楚地看到教师想要展示的内容和过程。视频展示台作为一种教学辅助工具，在实验实践教学领域有着广泛应用。

使用视频显示辅助课堂教学，可以显示小部分。通过摄像机的变焦功能，小部分可以被放大并清晰地投影到屏幕上，坐在最后一排中的学生也可以清晰地观看，还可以以三维、全方位的方式显示，包括正面、侧面、整体和部分，使课堂生动，给学生留下深刻印象。它比三维动画演示电影更方便快捷。利用视频显示平台辅助实验教学，我们可以向学生演示实验设备，仪器设备演示操作过程、实验过程和实验结果，让每个学生都能清晰地看到老师展示的内容，这有利于提高学生参与实验的积极性，提高实验教学的效果和质量。

（三）翻页器

随着多媒体教学课件尤其是 PPT 课件在课堂教学中的日益广泛应用，教师似乎被平台"卡住"了。为了通过按下鼠标或轻敲键盘一个一个地播放 PPT 课件，过去在学生中间讲课的教师必须留在平台后面或在平台和学生之间来回穿梭。这不仅严重影响了师生之间的互动，也阻碍了教师个人魅力的发挥，往往使课堂枯燥、缺乏活力。

事实上，已经有一个很好的解决方案，那就是 PPT 寻呼机。PPT 翻页器结合无线技术和计算机 USB 技术，远程控制计算机翻页，相当于计算机遥控器。PPT 寻呼机使用的无线技术通常是红外和射频。由于红外产品具有方向性，发射器必须与接收器对齐，并且在中间不能有障碍物。因此，建议选择具有射频技术的产品。

PPT 寻呼机通常包括发射机和接收机。接收机在外观上类似于 U 盘。它插入计算机的 USB 端口以接收控制信号。它是即插即用的，不需要安装驱动程序，非常方便。有了 PPT 翻页器，教师可以自由地走到学生中间，方便地上下翻页 PPT 课件，使教学更加流畅；同时，附在翻页器上的激光按钮功能也可用于引导学生的注意力,并在课件显示中强调具体的教学内容。

（四）教学录像观摩、反思

教师通过分析自己的课堂视频,从外观、语言表达、教学方法和教学活动组织等方面对自己的教学活动进行全面评价,以了解哪些教学方法可行,哪些需要改进。所有级别和学科的教师都可以从观看自己的教学视频中受益。

（1）视频准备。选择一个可以使用黑板、讲义、多媒体和其他教学方法的代表性课堂。如果可能的话,试着选择一门既有讲座又有讨论的课。让摄影师在拍摄教师时,展示学生对老师和其他人的反应。

（2）观看视频。及时观看录像带。试着在拍摄当天或第二天观看视频,因为此时仍然有新鲜的记忆,可以快速回忆起课堂上的想法和感受。播放 1 ~ 2 次,使教师习惯于在录像带中观看自己。如果是新教师,可以在观看视频时检查您的声音、姿势、手势和习惯性动作是否合适。

（3）分析录像带。教师应该留出足够的时间来分析录像带,并且至少花两倍于拍摄的时间来分析视频带。教师可以单独观看分析,也可以邀请其他可以提供帮助或支持的同事一起观看。

如有可能,尽量选择熟悉课程内容的人员。教师可以根据课堂教学设计列出分析要点,包括教学组织和准备、个人表达方式、课堂提问技巧、课堂讨论组织、学生的兴趣和参与、课堂气氛等。例如,声音是否清晰、响亮、说话速度是否合适、问题是否中等难度、挑战性和吸引力,是否有足够的时间供学生考虑,是否组织了有效的课堂讨论? 是否鼓励所有学生参与讨论? 建议教师仔细分析并撰写各方面的评论,以帮助教师认识到自己的优势和教学中有待改进的地方。

三、智能手机、平板电脑支持移动学习

移动学习是一种可以在移动计算设备的帮助下在任何时间和地点进行的学习。用于移动学习的移动计算设备必须能够有效地呈现学习内容,并在教师和学习者之间提供双向通信。也就是说,移动学习是指

教师和学生依靠无线移动网络、互联网和多媒体技术，使用 PDA 等无线设备，更加方便灵活地实现教育和科技领域的互动教学活动和信息交流。

所谓智能手机，是指一种移动电话的总称，它与个人电脑一样，具有独立的操作系统，可以由用户自己安装软件、游戏等第三方服务提供商提供的程序。通过这些程序，移动电话的功能可以不断扩展，并且可以通过移动通信网络实现无线网络接入。常用的操作系统包括：Android、iOS、Windowsphone 等。

利用智能手机或平板电脑，可以实现以下功能：①可以安装各类应用程序；②可以处理音频、视频等各种资源；③实现 Web 访问、网络查询；④收发邮件。

利用智能手机或平板电脑的这些功能，可以开展以下形式的移动学习：

（1）进行基于问题的学习。如果不记得如何写单词或如何执行流程，可以使用移动电话或移动通信网络的知识库及时解决问题。

（2）开展基于资源的学习。网络资源无限丰富。使用移动学习设备，学习资源始终存在。学习地点多样，学习时间灵活。例如坐公共汽车或其他空闲时间可以用来找到关心的资源，并"零分"学习。移动学习让学习无处不在。

（3）非正式学习。非正式学习是指在非正式学习的时间和地点进行的学习，并通过非教学性的社会交往传播和渗透知识。它是学习者自主、自我调节和自我负责的学习。在倡导终身学习的时代，非正式学习广泛存在。研究表明，非正式学习可以满足成年人的大部分学习需求。

随着现代通信技术的发展，通信可以跨越时间和空间的障碍，从而产生了网络群体。移动网络使一群人能够随时随地通过网络围绕某一主题进行讨论和交流。他们可以是同学、朋友、老师或陌生人。斯坦福大学名誉校长约翰·斯通指出，50% 以上的大学生知识和技能是从他们的伙伴或同学那里学到的，而不是从教室或教授那里学到的。向伙伴学习是非正式学习。从这个意义上讲，现代大学系统的成功在于聚集同龄的人，为他们提供充分学习和交流的机会，而不是局限于教师的课堂教学。

第四章 师范生信息化教学资源设计能力培养

　　信息化教学是现如今学校教育的重要手段,也是当前教育发展的必然趋势,与之对应的信息化教学能力是教师专业发展的重要组成部分,也深刻影响着教育教学质量。师范生作为未来教师的生力军,应该努力提高信息化教学能力,以此来促进教育信息化的发展。

第一节　教育信息资源的获取与加工

一、网络教学资源的获取

随着教育信息化程度的提高,学科教师不管是在课前、课中,还是课后,都不可避免地要使用信息化教学资源。上课前的电子备课(如教学设计的撰写)、课堂上使用的课件与微课、课后的练习与检测(如试卷)等都离不开资源的获取与应用。如今互联网上免费又优质的教学资源越来越多,正确的搜索方法将有助于高效地找到自己需要的学科教学资源。而获取这些优质资源的方法也是多种多样的,有些可以直接下载,有些则需要一定的技术支持。随着收集的教学资源越来越多,就需要对这些资源进行有效的整理和管理。

(一)了解和体验国家教育资源公共服务平台

国家教育资源公共服务平台 http://www.eduyun.cn/ 是教育部主办的国家级基础教育资源中心,也是农村中小学现代远程教育工程资源服务平台。该网站为我们提供了海量的资源,并且提供了多种分类检索方式。

1.注册国家教育资源公共服务平台

点击网站首页左上角的"注册"选项,即可进入注册页面。按照提示完成个人信息的填写后,勾选"您已阅读并同意《国家教育资源公共服务平台服务条款》",单击"注册"按钮即可完成注册。注册时填写的登录账号和密码是以后登录资源网时必须填写的,一定要牢牢记住。

2.资源的浏览

用户可以通过以下两种方式浏览该网站的资源:

第一种,在国家教育资源公共服务平台首页选择"找资源"(图4-1),按照"学前资源""同步资源""网校课程""专题""中高考"五种标准列出了相应的浏览方式,用鼠标单击任意一个链接,即可进入相应的浏览方式页面。

图4-1　资源浏览方式(一)

(1)按学前资源浏览。在页面上方列出了"年龄""领域"。用户根据需要选择相应年龄、领域后,再根据需要选择具体浏览的内容。

(2)按同步资源浏览。在页面上方列出了"学段""学科""版本""年级"。用户根据需要选择相应学段、学科、教材版本与年级后,再单击左边教材目录的具体章节,在右侧的"资源列表"窗口中即可显示出相关章节的全部资源及其简介。

(3)按网校课程浏览。在页面上方列出了"学段""年级""学科",用户根据需要选择相应学段、年级、学科购买相应的网络课程资源。

(4)按专题浏览。在页面上方,列出了"核心价值观""法制""行为养成"等12个在教育教学活动中专门研究的题目。用户可以利用这些资源,对学生开展与加强思想品德、卫生、法制、安全、环保等教育。单击左侧分类目录中的相应专题后,在右侧的"资源列表"窗口中即可显示出相关资源及其简介。

(5)按中高考浏览。在页面上方列出了"权威辅导""考试卷库"和"题库"三个选项,"权威辅导"下又按学段、类型和学科进行分类,"考试卷库"下按学段、试卷类型、年份、学科和地区等进行分类,"题库"下按学段和学科进行分类,用户根据需要选择具体浏览的内容。

第二种,在网站首页中间选择"资源"选项,有进入相应年级、学科、教材版本的快捷链接。用户可以先单击上方的学段,再单击直接与该学段对应的学科、教材版本、年级,即可按教材浏览相关资源,如图4-2所示。

图 4-2　资源浏览方式(二)

3. 资源的搜索

在网站首页最醒目的位置有一个空白检索框,在框内输入所需资源的关键词后单击"搜索"按钮,即可找到相关资源。资源检索的准确率与选用的关键词密不可分,在检索框里输入的关键词越多,检索的条件越多,限定的检索范围就越精确,找到的资源就越符合实际需要。为了提高查准率,可以在搜索框里输入多个关键词(中间隔以空格),点击"搜索"按钮。

4. 资源的下载

下面以人教 2001 课标版七年级上册第六单元中《皇帝的新装》一课相关资源的搜索为例,简要介绍国家教育资源公共服务平台中资源的下载。

(1)单击网站首页中间的"资源"选项,单击"初中"学段,在下拉列表里单击"语文",在右侧文本框中单击"人教 2001 课标版",再单击"七年级上册",单击左侧的教材目录,在右侧资源列表中找到并单击"皇帝的新装",可呈现出相关资源的信息。

(2)单击所需下载的资源名称,在新打开的窗口里不但显示出该资源的详细信息,还可以看到"下载"按钮。如果是视频资源,还可看到"播放"按钮,单击"下载"按钮即可开始资源的下载。

（二）查找教学资源的平台

1. 百度

百度 http：//www.baidu.com/ 是全球最大的中文搜索引擎，致力于向人们提供"简重、可依赖"的信息获取方式。除了网页搜索外，百度还提供了众多适合中国用户的个性化搜索功能，如百度快照、拼音提示、错别字提示、英汉互译词典、高级搜索、天气查询等，满足用户多样化的搜索需求。

（1）百度百科

百度百科 http：//baike.baidu.com/ 是百度公司推出的一部内容开放、自由的网络百科全书，旨在创造一个涵盖各领域知识的中文信息收集平台。百度百科强调用户应积极进行参与交流和分享，用户只需注册并登录百度网站，即可参与词条的创建和编辑。百度百科的使用非常方便，用户只需在搜索框里输入查询的关键词，如"李白"，单击搜索框上方的"百科"链接，打开"百度百科"页面，即可看到搜索结果。

（2）百度文库

百度文库 http：//wenku.baidu.com/ 是供网友在线分享文档的开放平台，文档由百度用户上传，需要经过百度的审核才能发布，用户可以在线阅读和下载这些文档。百度用户上传文档可以得到一定的积分，下载有标价的文档则需要消耗积分。我们可以通过百度文库在线阅读和下载教案、课件、习题、论文等资源。

（3）百度文库课程

百度文库"课程专区"通过课程化、体系化的梳理和展现方式，将文档资源向体验更佳的多媒体方向拓展，文库课程资源覆盖基础教育、专业技能、职场提升、兴趣爱好等多个领域，在展现形式上采取了"视频＋文档"的形式，易于快速学习。

2. 教育主题网站

教育网站是指围绕教育、教学或相关领域而建立的各种主题型网络站点。按照教育网站提供教育资源的性质不同，可以分为教育综合类、教学类、资源类及研究类等不同类型。

（1）人教网（http：//www.pep.com.cn/）

人教网是人民教育出版社的官方网站，免费向广大教育工作者提供大量系统、优质的教育教学资源。

登录人教网首页，在"教与学服务"栏目里单击不同学段的学科链接。如初中语文，可以进入相应的子网站，通过《同步教学》栏目左侧的导航链接，可以按年级迅速找到并浏览"课程引领、教材使用、教学设计"等教学资源。

（2）河南省基础教育资源公共服务平台（http：//www.hner.cn/）

河南省基础教育资源公共服务平台是河南省教育厅为促进教育信息化的发展，在各级教育部门的大力支持下主办的省级基础教育资源中心，是农村中小学现代远程教育工程资源服务平台。河南省基础教育资源网拥有大量优质而系统的多媒体资源，无需注册即可免费下载使用。

（3）汉典网（http：//www.zdic.net/）

汉典网免费供广大网友学习和研究汉语，规范汉字使用。登录汉典首页，在搜索框里输入想要查询的汉字，单击"搜索"按钮即可得到搜索结果。在结果页面的左上角，可以看到该汉字规范的书写笔顺动画。用鼠标单击黄色的小喇叭，可以听到该汉字的标准普通话发音，单击"基本解释、详细解释、康熙字典、说文解字、字源字形"等标签，还能看到与该汉字相关的其他信息。

（4）爱词霸（http：//www.iciba.com/）

爱词霸是由我国金山公司组建的专业英语学习社区，包含词典、短句、翻译等众多在线工具，致力于英语学习交流、及时反馈英语相关问题。

登录爱词霸首页，在搜索框里输入想要查询的单词，单击"查一下"按钮即可得到搜索结果。结果页面不但能够看到该单词的汉语释义和相关例句，如果用鼠标单击小喇叭图标，还可以听到纯正的英语发音。用鼠标单击爱词霸首页的"翻译"链接，打开"在线翻译"窗口，在左侧的文本框里输入需要翻译的内容，单击文本框下面的"翻译一下"按钮，系统会自动检测中英文并进行翻译。

（5）中国中小学教育教学网（http：//www.k12.com.cn/）

中国中小学教育教学网是面向基础教育的综合专业教育网，是教育类站点中最有影响力的大型网站之一。

（6）中国微课期刊网（http://www.weikechina.com/）

中国微课期刊网在"微"时代悄然兴起的背景下应运而生，旨在提升中小学教师教学水平，并可以向所有教育者和学习者分享优秀的"微"教学成果，为教育信息化的改革与发展提供可参考的依据。

（7）网易公开课（http://open.163.com/）

2010年11月1日，中国领先的门户网站网易正式推出"全球名校视频公开课项目"，首批1200集课程上线，其中有200多集配有中文字幕，用户可以在线免费观看来自哈佛大学等世界级名校的公开课课程、可汗学院、TED等教育性组织的精彩视频，内容涵盖人文、社会、艺术、科学、金融等领域。网易公开课秉承开放、平等、协作、分享的互联网精神，为爱学习的网友创造了一个公开的免费课程平台。

（8）优酷教育频道（https://edu.youku.com/）

优酷是中国领先的视频分享网站，优酷教育频道又分为《公开课》《TED》《公民说》《国学开讲》《终身课堂》《语言学习》等栏目。其中，《终身课堂》栏目下的"教辅公开课"涵盖了初高中阶段语文、数学、英语、物理、化学等多个学科的系列视频，是非常优秀的视频教学资源。

（三）搜索学科资源

1. 搜索文字资源

文字资源是最基本、最常用的资源，百度文库或学科网就提供了大量的教学资源，如教学设计、学科课程标准等。本节将介绍使用百度文库和学科网来搜索和下载学科文字资源。

以搜索《钓鱼的启示》教学设计为例。

上课之前的备课、撰写教学设计是教师必不可少的工作，这首先需要充分研究教材，然后构思自己的教学方案。为提高效率，可先在互联网上进行相关搜索，下载阅读，予以借鉴。百度文库提供了大量教学设计类的免费资源，在搜索栏中输入课题，指定格式，即可搜索出该课题的相关资源。由于有些资源下载时需要一定的财富值（下载券），所以注册成为百度文库用户并赚取一定的财富值是很有必要的。

（1）注册百度账号，在浏览器地址栏中输入网址"http://wenku.baidu.com/"，打开百度文库主页，在页面右侧找到登录窗口，完成注册。

（2）获取财富值,用户注册并激活百度账号后登录,完成文档上传,获取财富值。

（3）搜索教学设计,打开百度文库首页,输入关键词,完成《钓鱼的启示》教学设计的搜索(图4-3)。

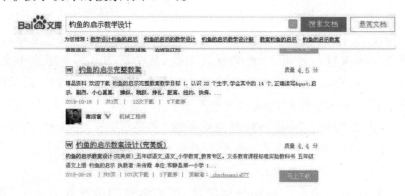

图4-3　搜索教学设计

以搜索数学中考试卷为例。

试卷(试题)和教学设计一样,都是一线教师在课堂中经常要用到的学科资源。下面以搜索"2018年北京市中考数学试卷"为例,介绍如何在学科网中搜索资源。

进入学科网,通过网站的分类导航和筛选功能可以轻松搜索诸如中考试卷之类的资源。和百度文库类似,学科网有些资源需要一定的点数或储值才能下载,所以一般也要先注册成会员并获取一定的点数。

（1）注册账号,进入学科网首页 http://www.zxxk.com/,仿照百度账号的注册方式完成注册。

（2）获取储值,用户注册成功并登录后,选择合适的付款方式,获取储值。

（3）上传资料,获取点数。

（4）搜索试卷,进入学科网首页,完成2018年北京中考数学试卷的搜索(图4-4)。

2.搜索图片资源

图片资源是教师在教学过程中应用最广泛的资源,从早期的幻灯片到现在的课件制作,都离不开图片的使用。图片资源可以利用百度图片搜索引擎来搜索与获取。打开百度图片网(http://images.baidu.com),

在搜索栏中输入图片内容的关键词,即可搜索到相应的图片。

图 4-4　搜索中考数学试卷

以搜索无背景荷花图片为例。

制作课件时,有些图片要求是无背景(透明)的。无背景图片通常是以 PNG 格式存储的,所以在搜索这类图片时,要指定图片格式才能搜索到。

(1)打开百度图片,在浏览器地址栏中输入"http://images.baidu.com",按回车键,进入百度图片首页。

(2)搜索图片,在搜索框中输入关键词"荷花 png",如图 4-5 所示,完成荷花的无背景图片搜索。

图 4-5　搜索图片

(3)浏览与下载,在搜索结果中找到自己满意的图片(预览图),完成对该图的原图浏览与下载。

3. 搜索课件资源

在课堂上,直接使用的资源包括音/视频资源、Flash动画资源、PowerPoint课件资源。这些资源除利用搜索引擎搜索及获取外,还可以通过专业资源网获取。

以搜索"二力平衡"课件为例。

"二力平衡"是初中二年级物理学科教学内容,可以在百度文库中搜索有关该课的许多免费课件。百度文库除了拥有大量的文档外,也包含了许多教学中常用的PowerPoint课件。在百度文库搜索课件前,首先要清楚课本的版本、册数和课题,然后再在百度文库的教育专区搜索。

(1)确定课件信息,"二力平衡"是初中二年级物理下册第八章的教学内容,教材版本是人教版。

(2)进入文库教育专区,打开搜索引擎,进入百度文库首页,进入文库基础教育专区(图4-6)。

图4-6 进入文库基础教育专区

(3)进入学科首页,利用教育文库中的分类导航,进入初中物理人教版首页。

(4)目录查找,根据已确定的课件信息,选择"人教版""八年级下",找到"二力平衡"课件。

(四)下载资源

搜索资源是获取资源的第一步,只有下载后才能应用到教学中。

1. 下载图像资源

图像素材是信息化教学过程中必不可少的素材,其获取方式有很多,比如我们可以通过手机、照相机等设备进行实地拍摄,但在实际组织素材的过程中,除了实地拍摄,我们更多的是到网络和素材库去获取,虽然这种方式得到的素材不一定完全符合信息化教学情境的需要,但是我们可以通过后期的加工和处理来达到这一目标。

(1)通过搜索引擎在线获取图像素材

到哪里去获取图像呢? 一般我们首先想到的一定是在线搜索。注意,使用搜索引擎搜索图片一定要选择图片类别,在图片筛选中可以进一步缩小搜索范围。

通过图片筛选可以对反馈回来的图像尺寸、颜色和类型进行限制,从而缩小反馈词条的范围,提升搜索精度。

(2)通过截图方式获取图像素材

在信息化教学过程中,经常会用到截图。通过截图操作来获取图像素材也是常见的手段,一般我们可以通过 QQ 截图、网页截图、屏幕拷贝等方式来完成截图。当然,也可通过专门的截图软件工具来获取图像素材。

因为几乎每台计算机上都会安装 QQ 软件,这款即时通信工具广泛流行,所以 QQ 软件截图是被广泛使用的一种截图方法,快捷键是 CTRL+ALT+A。

很多浏览器都具有网页截图功能,例如 360 浏览器就可以将网页保存为图片,快捷键是 CTRL+M,它可以将当前页面保存为 PNG、JPG 或者 BMP 等格式的图片。

有些时候,用 QQ 截图或者网页截图都无法解决时,可以通过键盘上的屏幕拷贝键(PrtSc)来进行全屏拷贝,然后再通过 PowerPoint 中的裁切工具进行修剪,也可得到需要的图像。

2. 下载音频资源

教学过程中,需要使用音频资源的地方很多,如课件背景音乐、特殊音效、声音素材等。这些音频需要根据不同的来源选择不同的方法才能下载。

制作课件时,有时会用到自然界的各种声音,如流水声。获取这类素材最好的方法是到专业的素材网下载。声音网（http://www.shengyin.com/）提供了丰富的声音素材，并可免费下载。

（1）进入声音网，打开浏览器，在地址栏中输入"http://www.shengyin.com/"并按回车键，进入声音网首页。

（2）搜索江水声，按图 4-7 所示的操作，完成"江水声"的搜索。

图 4-7　搜索江水声

（3）试听效果，选择"奔腾江水声"，进入试听网页进行试听。

（4）判断正确链接，在试听页面的下方，找到下载区，判断正确的文件下载链接。

（5）下载声音文件。

3. 下载视频资源

从教学需要的角度看，视频资源主要有直接用于课堂教学的视频片段（如微课）和用于指导教学的课堂实录。这些资源既可以通过教育资源网获取，也可通过爱奇艺、优酷、搜狐等视频网站获取。资源网的资源下载一般比较简单；而在视频网站下载视频则需要借助网络客户端或其他特殊方法才能下载。

本节将通过实例介绍利用客户端下载视频资源。

刚走上工作岗位的一线教师，观看和研究优秀的课堂实录是提升自己教学能力的一个有效方法。优酷网就收录了许多优秀且免费的课堂实录之类的教学资源。借助优酷网客户端可以轻松观看和下载"海燕"课堂实录。

（1）下载安装客户端，打开浏览器，在地址栏中输入"http://www.youku.com/"并按回车键，单击右上角的"客户端"，进入优酷网客户端下载页面,完成软件下载并安装。

（2）搜索视频,打开优酷客户端,按图4-8所示的操作,搜索"海燕"课堂实录。

图4-8　搜索视频

（3）找到满意的视频,观看并单击屏幕上方的下载选项,选择保存路径,如图4-9所示。可在下载列表中找到已下载的视频。

图4-9　选择保存路径

二、图像与音视频的编辑加工

（一）加工图像素材

图形和图像是认识现实世界的重要信息形式，其表现形式生动、形象、直观，具有文本和声音所不能比拟的优点。在多媒体课件中一般要大量使用图形和图像，恰当地处理与加工图像素材是多媒体教学的基础。

前面讲述了图形／图像的获取方法，下面以 SnagIt7 抓图软件和 Photoshop 软件为例对图形进行处理。

1. 利用 SnagIt7 软件裁剪图形

点击"捕获"按钮，获取的图形自动进入"SnagIt 编辑器界面"，如图 4–10 所示。

图 4–10　SnagIt7 抓取图形

通过左侧工具栏，可对图形进行裁剪、添加文字、添加线条、选取特定形状等简单的编辑加工操作，如图 4–11 所示为裁剪后的图形。

图 4-11　处理过的图形

选择"文件"—"保存"命令,跳出"另存为"对话框,如图 4-12 所示,选定保存位置、输入文件名和文件保存类型(可单击"选型"按钮进行该类型的各项技术参数设置),然后单击"保存",即将处理过的图形保存。

2. 利用 Photoshop 裁剪图像

很多时候只需要图片中的某部分画面,此时 Photoshop 为我们提供了丰富的选择工具和选择方法,此时只需要选择图像中需要的部分,然后新建文件、粘贴、保存即可,下面就利用 Photoshop 工具箱(图 4-13)中的选择工具,选择部分画面的方法,学习图像的裁剪获得方法。

(1)打开 Photoshop8.0.1 应用程序,并在 Photoshop 中打开图像。

(2)选择工具箱中的矩形选择工具。

(3)在图像上按下鼠标左键不放,拖出运动的虚线框(也称为蚂蚁线)选择自己需要的部分(注:矩形虚线框是以拖动为对角线生成),如图 4-14 所示。

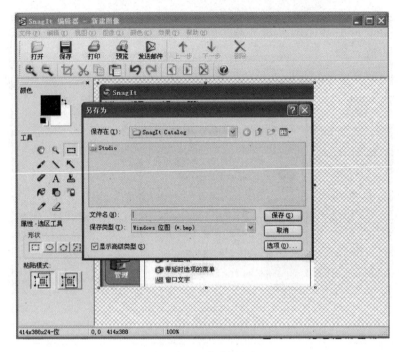

图 4-12   保存图形

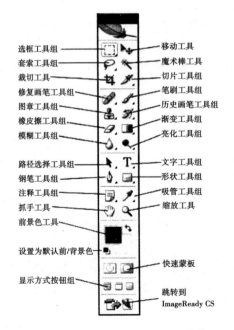

图 4-13   Photoshop CS 工具箱

图 4-14　使用矩形工具选择图像

（4）选择"编辑"—"拷贝"命令，把需要的画面复制到"剪贴板"中。

（5）选择"文件"—"新建"命令，打开"新建"对话框，如图 4-15 所示，确定大小（注：新建画布大小的默认值 Photoshop 自动设为"剪贴板"中的画面大小）。

图 4-15　"新建"对话框

（6）选择"编辑"—"粘贴"命令。

（7）选择"文件"—"存储"命令，打开"存储为"对话框，如图 4-16 所示，选中"作为副本"选项，选择好存储文件夹，命名，然后选择存储格式为 JPEG（JPEG 为比较常用的格式，当然也可以根据自己的需要选择其他格式），单击"保存"按钮，保存后直接跳回到图 4-15 所示的对话框，根据自己的需要调整存储品质，然后单击"好"按钮即可（存储品质越高，图像质量越好，但文件越大，根据自己需要调整）。保存的裁剪图像如图 4-17 所示。

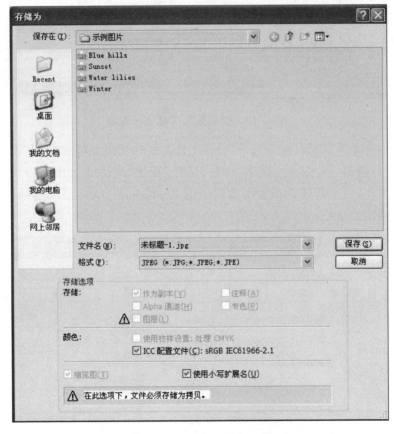

图 4-16　图像存储对话框

图 4-17　裁剪出的图像

（二）加工音频素材

声音是教学中应用的重要媒体，首先在语言学习、音乐学习中，声音本身是学习的重要内容；其次声音是交流工具，通过音频可以传递和交流信息、烘托气氛等。在日常教学中，需要对声音素材进行处理、编辑等操作，这些操作都需要一定的技术支持。

1. 剪裁与拼接声音

剪裁与拼接声音素材是处理声音时最常用的技术。在教学中，有时需要使用某音频文件中的一小部分，这时需要对音频文件进行剪裁，删除不需要的地方；有时又需要对素材进行重组，形成新的声音文件，这时就需要对声音素材进行拼接。

（1）剪裁声音

获取音频文件中的一部分，可以通过删除多余部分实现，也可以通过剪裁需要的部分来实现。本例采用剪裁操作，从素材中剪裁出前 10 秒声音片段。

①运行软件，下载、安装并运行 GoldWave 软件。

②打开文件，选择"文件"→"打开"命令，弹出"打开声音文件"对话框，打开"背景音乐 .mp3"。

③设置"开始"与"结束"时间点，选择"编辑"→"标记"→"设置标记"命令，弹出"设置标记"对话框，修改时间，完成标记设置。

④测试声音，单击"控制器"上的"播放"按钮，测试被标记部分的声音。

⑤剪裁声音,单击编辑工具栏上的"剪裁"按钮,完成剪裁操作。

⑥保存声音,选择"文件"→"另存为"命令,弹出"保存声音"对话框,输入文件名,选择保存类型".mp3",完成保存。

(2)拼接声音

在教学中,经常需要将几段不同的音频拼接成一段声音文件,本例通过 GoldWave 中的剪切和粘贴工具实现声音素材的拼接操作。

①打开声音,运行 GoldWave 软件,选择"文件"→"打开"命令,打开文件"bk1.wav"。

②复制声音,单击编辑工具栏上的"复制"按钮,全部复制"bk1.way"。

③打开声音,在 GoldWave 中打开"bk2.Wav"。

④拼接声音,选择"编辑"→"粘贴到"→"文件开头"命令,将"bk1.wav"粘贴到文件"bk2.Wav"的开头部分完成两个文件的拼接。

⑤测试,单击控制器上的"播放"按钮,测试声音效果。

⑥保存,选择"文件"→"另存为"命令,保存文件。

2. 设置特殊效果

获取的声音素材有时需要设置一些特殊效果,如配乐诗播放时音乐音量需要降低、音乐出现的形式需要淡入淡出、对录制的文件需要进行噪声消除、为素材添加回声等,这些都可以通过 GoldWave 来加工处理。

(1)淡入淡出。

一般课件中背景音乐或插入的声音文件播放时要求声音起始能从无到有、由弱到强,结束时能逐渐消失,这样的设计符合学习者的心理特点。本例通过 GoldWave 的"淡入淡出"设置,实现声音渐近渐远的效果。

本例选中声音素材前 5 秒设置淡入,后 5 秒设置淡出,通过播放测试,调整淡入淡出幅度。

①打开声音,在 GoldWave 软件中打开文件"素材 .mp3"。

②选取声音,使用鼠标左键拖动选框选择开头约 5 秒的声音片段。

③设置淡入,选择"效果"→"音量"→"淡入"命令,弹出"淡入"对话框,输入初始音量,完成淡入设置。

④设置淡出,使用鼠标指针拖动选框,选择结尾约 5 秒的声音片段,选择"效果"→"音量"→"淡出"命令,弹出"淡出"对话框,参照第③

步的操作,完成淡出设置。

（2）降低噪声

录制声音时如果没有使用专业的设备和环境,总会存在一些噪声,使用 GoldWave 可以降低和消除这些噪声。

本例采用一般的话筒录制声音,声音整体存在弱小的噪声,需要整体降噪。另外,录制的声音文件中间部分有一段停顿,只有噪声、没有人声,需要对该部分进行单独降噪。

①整体降噪,打开"解说 .wav",选择"效果"→"滤波器"→"降噪"命令弹出"降噪"对话框,进行整体降噪。

②复制噪声,选择噪声部分,单击编辑工具栏上的"复制"按钮,完成噪声的复制。

③局部降噪,选择"效果"→"滤波器"→"降噪"命令,弹出"降噪"对话框,将"预置"选为"剪贴板噪音版",完成噪声类型的选择,单击"确定"按钮,完成局部降噪。

（三）加工视频素材

视频是由连续的画面组成的,其特点是表达形式直观有效、情境感强,在语言、文字、图片等媒介无法表达时,往往可以选择以视频的方式来表达。视频在物理、化学、生物实验演示,地理环境介绍,历史事件介绍等方面均有大量应用。视频加工软件有很多,如 EV 录屏、会声会影、Premiere 等,本例将介绍如何利用 EV 录屏、EV 剪辑、EV 加密等软件加工视频素材。

1. 录制视频

EV 录屏是一款集本地视频录制和在线视频直播等多项功能的多媒体软件,非常实用,可以轻松地进行录制电脑屏幕。

本节将介绍如何在"EV 录屏"软件中录制 PPT。

（1）下载、安装并运行"EV 录屏"软件。

（2）单击右上角的"设置",再单击"鼠标设置","录制光标"前方框中有勾,点击去掉勾,如图 4-18 所示。

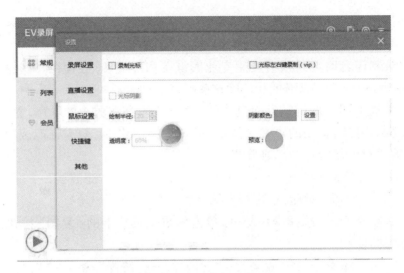

图 4-18　鼠标设置

（3）保存路径可以修改，一定要指定保存到某个文件夹下（点击"更改目录"，选择后在点击"打开文件夹"），保存文件名可在录制后修改，如图 4-19 所示。

图 4-19　保存路径设置

（4）打开 PPT，首页须有题目、学校、教师，可加入教材版本。

（5）播放 PPT（首页），使用快捷键"Ctrl+F1"3 秒钟后开始录制，"Ctrl+F2"停止录制。

（6）更改视频名，自动为年月日时间，可改为"课题名称（学校＋姓名）"，如图 4-20 所示。

图 4-20　更改视频名

2. 剪辑视频

根据教学的需要，获取的视频往往需要进行内容的删减，可以利用"EV 剪辑"软件对素材进行剪辑。

EV 剪辑操作简易上手，支持全格式精准剪辑，实现水印添加、配音、字幕、多轨道剪辑等多种功能。

（1）运行"EV 剪辑"软件。

（2）点击"添加"，对视频、音乐和图片的添加，在弹出的窗口里进行选择，如图 4-21 所示。

（3）将添加进去的视频、音乐和图片拖动到下面对应的轨道上，如图 4-22 所示。

（4）添加字幕和配音是直接在轨道上方的"字幕"和"配音"处进行点击选择。字幕先创建一个模板，在模板里编辑。配音是可以直接点击"配音"进行，如图 4-23 所示。

（5）"分割"是对素材进行裁剪，点击"分割"会出现一把剪刀，把剪刀对准所要裁剪的视频或者音乐等进行（因截图的原因没有出现剪刀的形状），如图 4-24 所示。

图 4-21　添加视频

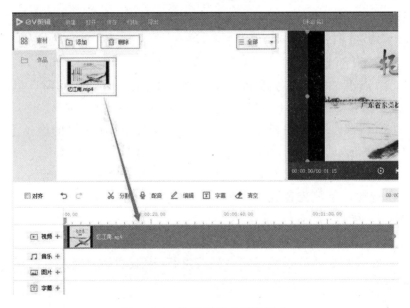

图 4-22　将视频拖动到轨道上

图 4-23　添加字幕和配音

图 4-24　对素材进行裁剪

（6）对视频进行保存，点击左上方的"保存"，选择需要保存的位置，如图 4-25 所示。这里的保存仅仅是指保存了这个项目，便于下次直接打开项目进行编辑，注意并不是保存的视频。保存视频的话需要点击"导出视频"。

图 4-25 保存视频

（7）对编辑加工的视频进行导出，点击"导出视频"。可以在弹出的窗口里进行一些导出参数的设置，如图 4-26 所示。

图 4-26 导出视频

3．视频转换

利用 EV 录屏可以将高清转码转换为视频格式,其具体操作方法如下:

（1）打开 EV 录屏→菜单界面→找到"会员专区"→打开"高清转码",如图 4-27 所示。

图 4-27　高清转码

（2）在弹出的"格式转换"界面,开始"添加"需要转换格式的视频,如图 4-28 所示。

图 4-28　添加视频

（3）选择需要转换格式的视频（按住 Ctrl 键可以一次选择多个视频）。

（4）添加完视频后→选择"导出格式"→选择"导出目录"→选择"开始转换"，如图 4-29 所示。

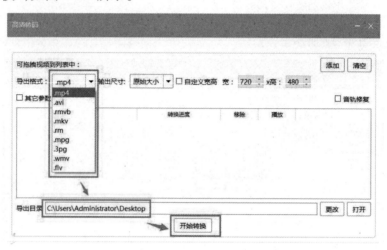

图 4-29　转换视频

（5）导出完成，在指定的导出目录即可看到转换后的视频。

第二节　信息化教学设计

一、信息化教学设计的内涵

信息化教学设计是教学设计发展到信息时代的一个新名词。谈到信息化教学设计，首先要从教学设计开始。

教学设计，全称教学系统设计。美国著名教育心理学家加涅将教学设计定义为对促进学习者学习的一系列教学事件的系统规划过程。美国教学设计专家肯普指出，教学设计是运用系统方法分析研究教学过程中相互联系的各部分的问题和需要，建立解决它们的方法步骤，然后评价教学成果的系统计划过程。教学设计的核心要素是学习者特征、教学目标、教学资源和教学评价。

信息化教学设计的内涵主要体现在三个方面：首先，它是一种以传播学、学习理论、教学理论为基础，运用系统科学方法，分析教学问题，提出最佳解决方案的理论和方法；其次，它是一个按照教学目标、教学内容，根据学习环境和条件，为学生策划学习资源和学习活动的过程；最后，它是一个包括确定教学目标、分析学习者特征、分析教学内容、选择教学媒体和教学策略等具体计划内容的教学准备工作，能够体现出教师教学理念、设计思路、教学意图。

二、多媒体环境的教学设计

随着信息技术在学校教学中的广泛应用，信息化的教学环境已成为实现教学改革、学习方式变革的必要基础和前提。相对于传统的以粉笔和黑板为主的教学环境，多媒体教室则是在传统教室的基础上，增加了多媒体计算机和配套的显示设备之后形成的教学环境，并且多媒体教室已成为学校信息化教学应用中最为典型且普遍的支撑环境。

在多媒体教室环境下，为了达到更好的教学效果，充分发挥多媒体设备辅助教学的作用，在设计课堂教学过程中，需要注意以下三个方面：

1.根据学习者特征及其认知需要选择使用多媒体

在设计多媒体教学时，学习者特征及每个年龄段特有的认知结构是我们不能忽视的一个方面，教学的设计只有与学习者的特征相适应，才能达到"物尽其用"的效果。

在小学低年级，学生的思维方式以直觉思维为主，可以灵活采用一些图片、动画、视频、音频等媒体资源来丰富教学内容的表现形式，并通过多媒体的呈现形式，在对学生的视觉、听觉通道进行刺激强化、吸引注意力的同时，使教学内容更为直观、形象化，帮助学生理解、掌握知识点，也进一步保证了学习质量。而对于小学高年级的学生来说，此时的多媒体教学重点应是帮助学生完成直观思维到抽象思维的过渡，因此，这一阶段的形象化教学可以适当减少。

在中学阶段，帮助学生学习抽象概念，培养学生的逻辑思维能力是这一阶段的重要任务，尽管这时的形象化教学仍不可或缺，但是更多的时候，多媒体是作为一种辅助理解抽象概念的手段出现在教学中的。例如，"算法与程序设计"一直都是中学信息技术教学中的一个难点，难学且难教,而近两年则出现了一系列的趣味编程软件,我们最为熟悉的应是 Scratch。通过可视化的编程方式,Scratch 不仅降低了编程难度,还使程序设计思想更为简明易懂,使枯燥无味的内容更具趣味性,很好地激发了学生学习程序算法的积极性和主动性。

2. 根据实际的课堂活动需要选择适当的多媒体和资源形式

教学活动是课堂教学的基本组成单位,教学活动是否能够有效开展,直接影响着课堂的教学效果。在多媒体教室中开展教学活动时,需要依据实际的课堂活动选择适当的辅助多媒体和资源。例如,在进行教师演示软件、学生观察模仿的教学活动时,教师可将自己在多媒体计算机上的操作过程进行实时投影,帮助学生以一种"间接"但直观的方式观察教师操作的全过程,方便学生进行模仿操作,掌握软件操作技能。又或者是,在进行传统的讲授式教学时,教师便可通过多媒体计算机来播放展示各种辅助学生理解的教学资源,帮助学生进一步加工信息、建构知识。

3. 注意选择运用多媒体的最佳时机

实际上,教学媒体和资源的使用对教学效果有着重要的影响,多媒体的使用不仅要恰当,还要适时。多媒体最佳的使用时机是指在课堂教学活动中能够较好地发挥多媒体的技术优势,帮助学习者保持或者转化形成良好的学习精神状态,以保证达到最终的教学目标。在运用多媒体教学的过程中,有以下三点建议:

(1)无意注意的适时调动

注意力对学生的学习起着主要的影响作用,但是大多时候学生的注意力集中的时间是有限的,当教师强制性地要求学生时刻保持注意时,不仅不利于学生的学习,还容易引起学生的厌烦心理。而在一定的条件下,无意注意的调用,可在不增加学生认知负担的前提下激发学生的学习积极性。教师可抓住这一点,进行灵活运用。

(2)活跃状态的激发

处于抑制状态的学生的学习往往是被动的,这个时候教师应充分利用多媒体的技能优势,采取合适的方式将这种抑制状态转化为兴奋状态,让学生、课堂活跃起来。

（3）理性认识的升华

学生的心理兴奋不是教学的最终目的，只是为达到良好的教学效果所创造的必要心理条件，其实类似于吸引学生的注意力。教师通过各种多媒体设备调动学生的学习积极性后，应因势利导，采取有效的方法，利用媒体资源使学生的认识升华到新的境界，将兴奋状态引向理性的升华，保证教学目标更好地实现。

三、交互式电子白板环境的教学设计

电子白板型多媒体教室也是多媒体教室的一种类型。交互式电子白板为一种新兴的教学媒体的教学工具，不仅传承了现代多媒体教学的优势与特点，同时也保留了传统的黑板教学手段的优点。目前，交互式电子白板已成为信息化教育最有力的辅助工具，凭借其"技术集成高、资源整合强、交互功能好"的优势，在教育领域得到了广泛的推广和应用。

交互式电子白板是一个结合数字投影仪和计算机的具有触摸感应功能的白板。投影仪能将计算机屏幕的图像投影在白板上，使用者通过手指或电子笔直接触控白板，对计算机进行操控。交互式电子白板主要由具有感应功能的电子白板和电子笔等硬件及相配套的白板软件等组成。

教师作为整个课堂教学的总设计师，在设计基于白板的教学时，需要把握以下四个方面：

1. 教学资源的设计

交互式电子白板最大的特点就是它自带丰富的资源库，这些资源是各个学科教学时常用的。上课时，教师可以直接使用，如各种绘图工具、各式各样的图形以及一些实验学科需要用到的实验仪器等。当然，教师也可以在课前将自己制作的一些资源导入，以便在课堂上使用。

2. 教学情境的设计

交互式电子白板是创设情境的有力工具，白板中丰富的资源和各种媒体的无缝连接，为教师创设真实的教学情境提供了有利条件。

3. 教学方法的设计

交互式电子白板强大的交互功能及其自带的多种教学工具能够为各种教学方法提供最有力的支持。基于交互式电子白板的教学方法的设计,主要体现在:教师通过白板直接控制音视频媒体资源的播放,或利用荧光笔、拉幕及放大镜等工具有效地吸引学生的注意力,加强学生对学习内容的关注;指导学生在回答问题或展示习题答案时,使用投影仪功能,及时反馈评价,提高教学的时效性。

4. 教学过程的设计

基于交互式电子白板的教学过程的设计更加注重教学过程中学生的互动环节。交互式电子白板既操作简便,又支持远距离操作。

交互式电子白板给课堂教学带来了技术的革新,为我们的教学提供了丰富的资源和工具,但交互式电子白板并不能自动化地优化教学,其关键还在于教师要在充分熟悉电子白板、了解学科教学以及学生特点的基础上,进行合理设计,寻求技术、学科和学生间的结合点,让技术交互进一步在课堂中得到深化,实现教学深度交互,实现技术与课堂的深度融合,达到生动优质的课堂教学效果。

四、多媒体网络环境的教学设计

多媒体网络教室是建立在局域网基础上的一种多媒体网络学习环境。多媒体网络教室与多媒体教室的最大区别在于学生和教师都拥有自己的计算机。在多媒体网络环境中,可以实现多媒体教室的所有功能,例如,为学生提供各种类型的多媒体资源。此外,借助于网络的资源查找与共享功能,多媒体网络教室能够为学生提供更好的合作与交流途径,从而为实现学生自主学习、协作学习、探究学习等提供良好的支持环境。

进行多媒体网络环境下的探究型教学设计主要包括设计学习任务、设计网络学习环境、组织安排学习活动及设计学习评价方案四个方面:

1. 设计学习任务

基于网络的探究型教学主要是以任务为驱动,让学生以自主探究、协作学习的学习方式,在解决问题的过程中完成学习任务,达到学习的目标。

学习任务的来源主要有两个方面:一是对已有的课程资源进行重新开发,二是来源于真实的生活。在对已有的资源进行重新开发、组织设计时,教师需要依据教学目标,分析与本单元学习相关的一个甚至多个学科知识点之间的联系,并基于某一学习主线提炼相关知识点,进而整合成为一个学习单元,然后根据本单元的内容,进一步设计真实的学习任务。因为基于学生所熟知的生活情境的任务,往往能激发学生的探究动机,并且这样的任务也更具有一定的层次性、开放性,使学生能根据自己的喜好和能力水平进行选择。在这个过程中,教师还应仔细分析学生在完成本单元学习任务后,其知识与技能、情感态度与价值观的变化,确定学生在完成学习任务后,能够获取相应的知识与技能,并形成正确的情感态度与价值观。

2.设计网络学习环境

在探究型教学中,学习活动的顺利展开还需合适的网络学习环境作支撑。网络学习环境的设计主要包括三个方面:辅助性学习资源、学习工具、协作交流平台。

基于网络的探究型教学不是将学生放任于浩瀚的网络信息海洋中,教师除了需要为学生提供示范性和引导性的学习资源以激发学生的学习动机外,更为重要的是根据学习任务的范围和难度,为学生提供多样化的资料线索,以防止学生在学习任务中"迷航"。在组织和提供这些学习资源时,需要注意的是,教师需要收集有助于学生完成学习任务的相关资源。这些学习资源还应丰富多彩,能扩大学生的知识面,支持学生的扩展性学习。最为重要的是,教师应按一定的知识结构来组织学习资源,以方便学生的学习和阅读。

此外,教师还应考虑为学生提供一些便捷的信息检索工具,以提高学生的信息检索效率,使学习活动便于展开。

3.组织安排学习活动

网络环境下的探究型教学虽然具有较大的灵活性和不确定性,但是预先进行合理的规划,是保证学习任务顺利完成的一个重要保障。因此,为了保证教学的有效开展,教师需要依据实际情况,对整个教学内容和进度作出规划,其跨度可以只是课堂上的几十分钟,也可以是几周。

教师除了要做到对教学的整体把握外,还需为学生学习活动的展开提供必要的指导策略,避免学生在自主探究的学习活动中迷失方向,不仅浪费了大量的时间,还达不到预定的学习目标。另外,对于需要合作开展的探究性活动,教师需要特别关注合作学习小组的构建,例如,要处理好小组内的角色、制订小组合作规范、确定小组规模等。

4.设计学习评价方案

网络的学习环境与多媒体教室有所不同的是,在网络化的学习过程中产生了大量的"过程性"信息和"结果性"内容,都是重要的评价内容。其中"过程性"信息主要用于考查学生在学习过程中的探究能力、协作能力、学习能力等。而"结果性"内容,则是从学习成果的角度对学生在课堂学习中学习成果的质量考核。结合"过程性"信息和"结果性"内容这种多元化的评价方式能够实现对学生在网络环境下学习的全面评价。

五、基于项目的信息化教学设计

基于项目的信息化教学设计,近年来受到各国或地区教育者的关注。

1.基于项目的信息化教学设计的内涵

(1)项目式学习

项目式学习是一种建构主义概念下以学生为中心的教学方式,它主张学生通过一定时长的小组合作方式,解决一个真实世界中的复杂的、具有挑战性的问题或完成一项源自真实世界且需要深度思考的任务。

在学习过程中,在教师的帮助下,每个小组紧紧围绕一个项目,利用所学的相关科目的知识以及跨学科的知识,积极利用各种资源,通过主动探索和互动协作的方式完成一项源自真实世界且需要深度思考的任务。项目式学习技术本质上是通过"项目"来诱发、强化和维持学习者的学习动机,让学习者在完成项目的过程中达到目标,取得进步。

基于项目的学习模式强调对学生动手能力的培养,强调"经验""学生"和"活动"这三个中心,在活动中培养学生的能力。基于项目的教学模式采取"做中学"的方式,通过各种探究活动、作品的制作来完成对知识的学习。基于项目的教学模式强调现实、强调活动,与杜威的实用主义信息化教学概论、义务教育理论是一致的。

（2）"项目"的特点

基于项目的教学模式旨在把学生融入有意义的任务完成的过程中,让学生积极地学习、自主地进行知识的建构,以现实的学生生成的知识和培养起来的能力为最高成就与目标。在教学过程中的项目有以下特点:

①真实性。在教学活动中项目应是具有实际意义的,不应该是虚构的,只有符合实际贴近学生生活经验的项目,才能更有效地激发学生学习和探索的欲望。虚构的任务不仅抽象不易理解,还容易让学生产生抗拒心理,影响项目的完成。

②开放性。开放性是指学习环境、学习内容以及学习方法等方面不再追求相同的结果,而是倾向于多元化。项目一般涵盖要学习的知识技能,但完成任务的方法可以有多种多样,也可以利用已经学过的知识和跨学科的知识来完成项目。

③可操作性。学生可以按照具体的流程要求去完成这个项目,且项目的结果是学生可以达到的。

④适当性。项目的难易程度要适当,太难或者太易都会影响学生完成项目的积极性,从而导致无法达到教学目标。

2.基于项目的信息化教学设计的基本原则

（1）项目设计要有趣味性

教学要讲究"寓教于乐",以"快乐学习"法为指导,将枯燥的学习内容设计为有趣味性的项目,只有学生感兴趣才能激发学习欲望,引起学生探究知识的好奇心。

（2）项目设计要有真实性

在学习过程中创设的项目应该是源于真实世界的,不能是虚构的。

（3）项目设计要有拓展性

教师群体与学生群体在自身素质、知识构成等方面存在着不同程度的差异。因而,项目的设计必须以群体的共性为出发点,突出对个性群体的拓展性思维和创新能力的培养。

（4）项目设计要以学生为中心

项目式学习强调学生的主体地位，为此项目设计一定要符合学生的特点，让学生按照自己的方法来主动探索，从而解决问题，达到"以用促学，在用中学"的目的。

（5）项目设计要符合实际信息化条件

在信息化环境中，项目设计要将实际教学中的信息化环境考虑进去，项目设计中媒体工具和资源开发的要求无论是高于还是低于教学实际的信息化环境的条件，都会使得教学效果大打折扣，影响教学质量。

3. 基于项目的信息化教学设计模式

（1）基于项目的信息化教学设计模式是以项目为核心，该项目是由学习目标、学习内容和学习者特征共同决定的。

（2）设计项目是这个教学设计模式的核心和重点，它为学习者提供了明确的目标和任务，在设计项目时要突出项目的真实性、可操作性、适当性等特点。

（3）一个项目的完成往往代表着要完成很多复杂的子项目，所以教师在教学过程中，要在学生主动探索和积极学习的前提下，充分发挥教师的主导和指导作用，帮助学生完成项目。

（4）项目的设计往往包括学习情境设计、学习支持设计、学习资源设计以及学习策略设计等过程，如图4-30所示。

六、基于翻转式的信息化教学设计

1. 翻转式课堂

翻转式课堂，又称翻转课堂，是在信息化环境中，教师提供以教学视频为主要形式的学习资源，学生在上课前完成对教学视频等学习资源的观看和学习，师生在课堂上一起完成作业答疑、协作探究和互动交流等活动的一种新型的教学模式。

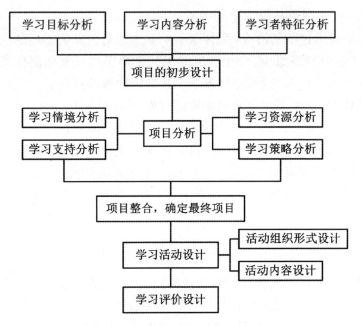

图 4-30 基于项目的信息化教学模式

翻转课堂作为一种新型的教学模式,颠覆了传统的教学过程。它调整课堂内外的时间,将学习的决定权从教师转移给学生。传统的教学中,教师在课上进行知识传授,教授给学生新的学习内容,课下学生完成知识的内化并完成作业。而翻转式课堂的教学重构了学习流程,教师以教学视频和网络资源的形式在课下完成知识的传递,课上学生通过完成作业、讨论探索,教师给予个性化指导完成知识的内化。

2.基于翻转式的信息化教学设计的特点

(1)教学结构由传统"教学"转变为"学教"

教学结构是指在一定的教育思想、教学理论、学习理论的指导下,在一定环境中展开的教学活动进程的稳定结构形式。也就是教育思想、教学理论、学习理论的集中体现,是教学系统四要素相互联系、相互作用的具体体现。

在翻转式课堂的教学结构中,学生是教学系统的中心,在整个教学过程中由教师起组织者、指导者和促进者的作用,利用情境、协作、会话等学习环境要素充分发挥学生的主动性、积极性和首创精神,最终达到使学生有效地实现对当前所学知识的意义建构的目的。

（2）教学观念是以学生为中心，由"教"转变为"学"

由于教学过程的改变，翻转课堂中学生的角色发生了质的变化。首先，由于在翻转课堂中，学生获取知识的主要渠道是教师制作的教学视频和各种网络资源，这就意味着学生从知识的被动接受者变成了知识的主动建构者，学生不再是知识灌输的对象，而是认知的主体。其次，在信息化环境下的翻转课堂中，学生可以自定步调，自主安排学习的时间和速度，可以反复观看教学视频，同时在课堂上学生有了更多的参与性、协同性和主动性，不再是以原来的独立主体来完成任务。因此，翻转课堂的教学设计应在观念上进行转变，以学生为中心，将学生看作认知的主体。

（3）教学任务转变为课外的知识讲授和课内的学习活动、评价指导

相对于以往传统教学的教学任务，翻转课堂的教学任务发生了翻转式的改变。在传统教学中，教学任务是在课堂上教师讲授知识，教学内容单向流入学生。而在课堂外，学生进行意义的理解和建构，对知识的提升也基本上靠自己，协作互动环节较少。在翻转课堂中，教学任务转变为课外的知识传授以及课内的学习活动和评价指导。课外知识传授的主要渠道是教师制作的教学视频和各种网络资源，学生在课外自学这些材料，进行新知识的学习。在课内，学生的任务则是完成作业、探讨问题和接受教师的个性化指导及反馈评价。

3. 基于翻转式的信息化教学设计模式

翻转课堂教学设计的主要内容包括课前、课中、课后三个环节，具体模式如图 4-31 所示。

（1）课前教学环节

课前，教师在学生学习平台上传学习任务单、教学视频、试验动画、试验操作视频等学习资源，学生进行学习。这种方式打破了学生以往只能在教室学习的模式，借助信息工具可在图书馆、宿舍、校园、家等多种环境下进行自主学习，发现问题后可在学习资源中寻求解决方案或是在线咨询获取知识，对所学的新知识进行初步自学，并能够解决平台上和新知识相关的一些练习题目。

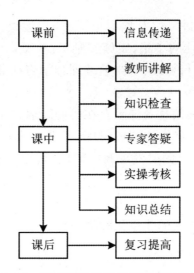

图 4-31　基于翻转的信息化教学设计模式

（2）课中教学环节

①实行经验值激励机制。课前学生通过学习平台进行视频资源的学习、完成学习任务单、提交练习等学习活动，获取了一定的经验值，根据经验值得到相应的考核分数。课堂上表扬最佳表现小组及经验值最高的学生，能激起学生课前主动学习的积极性，养成课前预习的好习惯。

②延续传统课堂优势，借助信息技术实行师生互动。教师通过平台或是在线咨询掌握了学生的疑惑之处，课堂上可以有针对性地进行讲解，提高教学效率。板书能记录课程的知识点，有利于学生对学习重点的重复记忆。动画演示及视频播放能直观展示检测步骤，学生课前初步学习了动画及试验操作视频，课堂上教师的讲解更能加深学生的印象，如此可以解决理论知识记忆量大这个难题。学生课前完成的练习和思考会存在不懂的地方，通过课堂上的再次学习，能够掌握学习要点，找出自身存在的问题，既可以重复记忆，又可以学以致用。

③小组合作完成既定任务，提高知识应用能力。任务引入使学生带着任务学习，激发学生的求知欲。学生以小组为单位完成老师布置的任务，学生在探讨完成任务时，遇到问题及时解决，教师在现场指导，发现严重错误及时纠正，发现小错误加以引导，并做记录。通过学生之间的相互合作完成任务、解决问题，使学生进一步地理解所学知识。

④结合学生整体表现，对课程进行总结与评价。教师对学生的课前、

课中的整体表现作出评价,对预习情况、知识检查、知识应用等进行综合评分,选出表现最佳的小组,实施奖励机制,提高学生的学习积极性。然后对课程的知识进行回顾,安排后续课程学习任务。

（3）课后教学环节

课后,教师将考核信息及课堂存在的问题通过学生学习平台进行反馈,发布在线作业,设定作业完成时间,并及时上传后续课程的学习资源。若学生在复习和巩固时发现新的问题,可以通过在线咨询、在线讨论解决问题。

七、基于网络协作式的信息化教学设计

1. 协作学习的基本原理

协作学习起源于美国,在 20 世纪 70 年代中期至 80 年代中期获得了长足发展,并于 20 世纪末至 21 世纪初开始传播至我国。协作学习,也称合作学习,它是指学习者以小组的形式在一定的激励机制下,学习者个人和小组通过协同互助的方式,为完成共同任务而开展的学习活动。

2. 基于网络远程协作学习的特点

基于网络的协作学习是指利用多媒体技术、虚拟现实技术及计算机网络建立协作学习环境,通过小组或团队的形式组织学生进行学习,使教师与学生、学生与学生在讨论、协作及交流的基础上进行协作学习。

由于受到技术的影响,与传统的协作学习方式相比,基于网络的远程协作学习具有如下特点:

（1）突破了时间和空间的限制

协作学习者可以是同班同学,也可以是来自地球另一端的同龄人,甚至是一个行业、一个领域的专家等。协作的方式可以是同步的,也可以是异步的。

（2）逼真呈现的问题情境

网络协作学习环境可以更真切地向协作学习者呈现问题情境,尤其能够逼真呈现一些与生活经验相距甚远的抽象问题。

（3）交互的可控性

网络学习环境改变了教师独自控制教学的局面，网络协作的建立是由计算机相关技术搭建的协作平台实现的，教师和学生不能脱离平台而活动，这保证了协作的稳定性以及控制权的合理分配。

（4）学习者分组方式更为灵活多样

学习者不仅可以在班集体内自由地进行组合，而且必要时还可以与网络上的自由学习者进行协作交流。学习者可以依据学习任务及时调整与协作伙伴的关系，选择和调换不同的学习伙伴。

（5）附属角色的隐藏

传统教学环境下，协作进程和过程需要有人记录，但是在基于网络的远程协作学习环境中，由于计算机具有强大的电子通信、文件记录、保存、信息处理等功能，这些附属角色被隐藏掉了，学习记录也实现了全程化、自动化。

（6）复杂低层工作的简化

比如言语信息记忆、资料分类、冗繁的数据计算等工作均得以简化。

（7）丰富的网络资源支持

基于网络的协作学习环境拥有极其丰富的资源可供使用，包括各种各样的资源和信息，不仅数量巨大，而且获取便捷。

3. 基于网络远程协作学习设计模式

华南师范大学的谢幼如等人将传统协作学习方式与基于网络的远程协作学习进行了比较。他们借鉴了部分前人的研究成果，概括出基于网络协作学习的基本要素，包括学生个体、协作学习小组、协作活动任务、协作活动环境、协作活动策略/规则以及协作活动成果等。

相应地，他们将基于网络的远程协作学习设计划分为如下内容和环节：

①协作任务设计。

②协作小组的组织。

③协作工具设计。

④协作流程设计。

⑤协作策略/规则设计。

⑥协作成果设计。

第三节　多媒体课件的设计与制作

课件是教师或程序设计人员根据教学要求,用某种计算机语言或课件制作系统编制的教学应用软件,课件反映了教学内容、教学目标、教学策略和教学经验。

多媒体课件是以现代教学思想为指导,以计算机、多媒体和通信技术为支撑,根据一定的教学目标,表现特定教学内容,反映一定教学策略、以学生为中心的多媒体计算机辅助教学软件。

多媒体教学课件由文本、图形、动画、声音、视频等多种媒体组成,给学生提供多种感官的综合刺激,教师通过多媒体课件可以形象直观地讲述很难描述的课程内容,提高学生学习的兴趣和积极性。

在中小学教学中,多媒体课件是对课堂教学内容的补充、深化,具有明显的作用。在多媒体课件的支持下,教师的教学手段更加丰富,教学形式更加灵活;学生的学习方式更加自主;获取知识的途径也更加广阔。

在多媒体教学已经普及的今天,广大教师、学生、商家开发了大量的多媒体课件,从操作的角度可分为演示型课件和交互型课件。

（1）演示型课件

演示型课件在教学中指课堂讲授演示和课外辅助演示,是为了解决某一学科的教学重点与难点而开发的,注重对学生的启发、提示,反映问题解决的全过程,主要呈现教学内容(如提纲、重点、难点、数据图表等)和演示抽象的、复杂的、用语言难以表达清楚的知识(如变化过程、宏观或微观现象、历史或未来现象、操作过程等)。这种课件在多媒体教室通过投影屏幕展示给学生。其优点是比较直观,文字清晰,尺寸比例大,用来配合课堂讲解,是最常见的一种课件类型。

（2）交互型课件

在教学中,交互型课件与演示型课件相比,具有快速切换、结构清晰、与学生互动性强等特点。在教学中,教师向学生提出学习要求,学生利用学生工作站中的交互型课件进行个别化学习。在学生进行自主学习时,教师可对学生进行监控或个别指导;在专业技能训练型课程中,交互型课件可以训练和强化学生某方面的知识和技能;在课外学生检索阅读时,交互型课件可以提供资料的检索或浏览,以获取信息,扩大知识面;交互型课件还可以应用于游戏教学,这种课件是基于学科的知识内容,寓教于乐,通过游戏的形式,引发学生的学习兴趣,教会学生掌握学科的知识并提高学习能力,是一种非常有前景的多媒体课件;利用计算机模拟仿真技术,可以实现模拟某种真实情境的交互型课件,提供可更改的参数的指标项,当学生输入不同的参数时,及时给出相应的实验结果供学生进行模拟实验或探究学习,在具有操作性实验的学科中应用较为广泛。

一、多媒体课件结构及设计原则

从总体上看,多媒体课件很像一本书或一部交互型电影,它是由一页页或一幅幅的画面组成的,在多媒体课件中称为一帧一帧的页面。多媒体课件的基本结构由封面、说明页、目录页、内容页、封底组成。

（1）封面:运行课件时出现的第一幅页面,它的作用包括说明是什么软件、教学软件的主题、作者及联系信息、版权信息、提供退出软件和继续运行软件的途径。

（2）说明页:给首次使用课件的学习者说明课件的功能及使用方法。

（3）目录页:就像一本书的目录,供学习者选择学习内容之用。

（4）内容页:是课件的主要框面部分,呈现教学内容。

（5）封底:制作课件的人员名单页面。

需要注意:课件是为教学服务的,课件中不是必须包含上述部分,可以添加其他部分,也可以根据实际教学情况进行取舍变通,切不可生搬硬套。

多媒体教学课件是一种特殊的计算机软件,是学科知识等教育内容的载体,在设计过程中,要遵循教育性、科学性、技术性、艺术性等原则。

1. 教育性原则

首先要充分体现教学规律。多媒体课件对促进学生对某门学科基础知识的掌握、发展能力、培养学生的思想品德、促进学生的全面发展起到良好的作用。因此,要明确教学目的,围绕教学中的重点、难点或关键性的问题来设题立意,同时要符合学生的认知心理和智力发展水平,选择合适的课件类型、合适的表现形式和呈现方式,使课件的学习以学生为中心。

2. 科学性原则

教学过程不单单是向学生传授科学知识,更应注重培养学生科学的方法。而传授科学知识的每一个过程里,也无时不体现出方法的重要性。在多媒体课件的设计中,应根据不同学科的具体情况,准确地阐述科学知识,并将科学的方法渗透始终。

3. 技术性原则

多媒体课件设计水平的高低,技术上的因素很重要。

教学目的明确,内容准确,表述规范,文本、图形、动画、音像、视频等各媒体使用合理,搭配得当,层次分明,屏幕设计清晰高雅,色调搭配适中,生动活泼而又不失严肃,注意引导式启发,防止简单的书本搬家和呆板的说教,要充分利用计算机的交互特性,不时穿插学与教的信息交流。

要在课件的视觉表现、听觉表现、运行环境、操作界面等方面充分考虑其技术性要求,也就是说要求画面清晰稳定,构图均衡合理,色彩清新明快,画面播放流畅;解说清晰准确,音响恰当逼真,配乐紧扣主题,声音组合协调。既要适用于单机运行,又要满足局域网中文件服务方式下的本地运行要求;易于操作,可控性好。

4. 艺术性原则

在精心设计的多媒体课件中,将抽象的科学概念、原理等知识,运用艺术手段转化为图文并茂、妙趣横生的教学内容,其中要求无论画面构图的主体对象是什么,准确、规范、鲜明、真实性是第一位的,还要做到画面艺术形象协调完整、主题突出。根据教学意境,该明快的明快,该低沉的低沉,应用不同色调表现不同的主题和内容,创设不同的意境,塑造不同的形象。

在多媒体课件中,还应充分发挥音乐和解说的魅力,增加画面形象的表现力和真实感,在注意力高度集中的情况下认识客观事物的内在规律,获得更多的知识。

二、PPT 课件设计与制作

以"三国演义赏析"为例阐述 PPT 课件的设计与制作。

（一）选题说明

选择《三国演义》作为课题的原因有三:第一,该课题内容丰富,适于制作多种类型的课件;第二,制作该课件可以方便地找到各种多媒体素材,通过该案例的实训能尽可能多地涉及多媒体课件设计制作的知识和技能点;第三,读者对《三国演义》比较熟悉,在实训时有亲切感,便于产生学习兴趣和模仿欲望。

《三国演义》的内容很多,此处选择"赏析"作为主题,标题定为"三国演义赏析",通过"作者简介、三国人物、历史背景、艺术特色"等方面来进行赏析。由于该任务的实训目的是掌握多媒体课件设计制作技巧,为避免知识技能点的重复,提高效率,在具体内容设计时做了简化处理,在选用媒体上也考虑尽可能多地包括各种类型的多媒体素材,以便将多媒体课件设计制作的各个知识和技能点都能包含进来。需要注意的是,实际应用时应根据具体情况考虑知识内容的完整性,不能省略;根据需要选择合适的多媒体素材,不一定每种类型的素材都面面俱到。

（二）设计

1. 教学设计

"三国演义赏析"面向小学高年级或初中学生,以主题探究活动形式实施,教学过程包括引导、探究、交流、总结等环节。引导环节中,教师通过本 PPT 课件,介绍《三国演义》的主要内容,指导学生赏析的方法,布置学生探究的任务;探究环节中,学生通过阅读、上网搜索资料、观看视频等方式进行自主探究和练习,形成自己的观点,并制作研究性学习报告和展示 PPT;交流环节中,通过学生展示和交流自己的探究成果,相互讨论和学习,使知识得到升华;总结环节中,对整个探究活动的成果和学习方法进行总结。

本 PPT 课件主要应用于引导环节,其内容结构如图 4-32 所示。

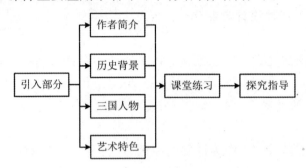

图 4-32 "三国演义赏析"内容结构

2. 课件结构设计

表 4-1 所示为课件设计脚本。

表 4-1 "三国演义赏析"课件设计脚本

顺序	内容设计	交互导航	素材准备	教学活动
引入	背景图上主图、人物图、标题动态进入,并伴随主题音乐	单击切换	背景图、主图、人物图、主题音频	引入课题
目录	目录文字排列整齐	各项添加超链接到相应页面,退出按钮	背景图、点级图	明确学习内容
内容	作者简介:作者介绍文字或图片	导航按钮、资料链接	作者图片、介绍文字	阅读归纳
	历史背景:播放评书第一回、内容介绍电子书	导航按钮、资料链接、声音控制	评书音频、电子书、文字	聆听细看思考
	三国人物:人物视频、人物动画、介绍 swf 动画(3张幻灯片)	视频、动画等可控导航按钮	人物视频、人物动画、swf 动画、文字	观看思考、归纳拓展

顺序	内容设计	交互导航	素材准备	教学活动
内容	艺术特色：图文介绍和资源链接	用超链接跳转到外部资源	图片、文字、资源地址	观看思考、归纳总结
评价	课堂练习	导航按钮、资源链接	文字、图片、资源地址	师生交流
拓展	课后探究指导	导航按钮、资源链接	文字、图片、资源地址	布置任务
封底	谢谢或制作者信息	退出		

（三）素材准备

课件制作涉及素材见表 4-1。搜集时按素材类别分，也可按每张幻灯片分。新建文件夹"三国演义赏析课件"，将外部链接文件拷贝到该文件夹中。在系统中安装课件制作所需要的特殊字体。

（四）制作

（1）新建和保存文件：打开 PowerPoint，新建文件，并保存到文件夹"三国演义赏析课件"中，命名为"三国演义赏析 .pptx"。这时 PPT 文件与外部链接文件在同一文件夹中。

（2）制作母版：单击"视图"选项卡中的"幻灯片母版"按钮，进入母版视图，设计制作母版。"关闭母版视图"，切换到正常编辑状态。

（3）制作幻灯片：根据课件设计要求，依次插入新幻灯片，并应用合理的版式和母版，按设计加入多媒体素材，并做适当设置和排版。

（4）制作交互和导航：建立目录页面上各目录文字与相应内容幻灯片的超链接。在各幻灯片页面或在母版视图中建立导航按钮并设置跳转。建立目录页面中的关闭和跳转到练习页面的超链接。

（5）制作动态演示：为各页面元素设置合适的"动画"，并设置动画的属性（也可以在幻灯片制作时设置）。设置页面切换效果和属性。

（6）浏览、修改、保存和发布文件。

第四节　微课的设计与制作

微课相对视频公开课、精品资源共享课、网络课程来讲,视频长度短,注重细分知识点的完整性。如今,在国内微课刚刚发展且存在着不同的认识,微课作品的表现形式就会有多种多样的形态。为了能更加深入地推广微课的开发技术,更好地体现微课的特征,掌握与微课相关的学习理论、传播理论、教学设计与开发流程就很有必要。了解优秀微课的特征,解决微课教学设计制作过程中的各类问题,对于开发高质量的微课具有很强的实际意义。

一、微课的设计

从微课本质构成上讲主要以微视频为主,辅助的有微教案、微课件、微练习、微点评、微反馈和微反思。对基础教育来讲,微课主要以基础的学科知识与常识学习为主。例如,安全常识的学习可以通过讲解安全知识并配合微练习达到微课教学的目的,学科知识则通过理论的讲解,结合微课件、微练习、微反馈以及微反思达到教学效果。

微课的设计思路不同于传统课堂,需要对教育内容多加提炼。良好的前期规划,决定了一系列微课的具体走向和整体水平。而制作微课的过程,对于教师自己来说也是一种重新学习的过程。

（一）微课的选题

微课的选题是微课制作最关键的一环,不好的选题使得微课不值得一看。微课的选题要切合实际,应当优先考虑以下几个方面:

一是尽量选择教学中的典型、重点和难点问题。这些知识点是传统教学中不能很好解决或解决不好的问题。它可以是教材解读、题型精讲、知识归纳,也可以是方法传授或技能展示等。为知识点取一个响亮的名字(最好是问题),就能很直观地表达出制作的微课想要讲解的内容。例如,近因原则是"汽车保险与理赔"课程的重点内容,其中近因原则的判断是难点内容,所以,可以将这个难点内容作为选题。为此,可以将微课的名字叫作:"汽车保险赔不赔? 近因原则告诉你!"

二是要适合多媒体表达。微课选题要适合使用多媒体表达,适合加入丰富的图形图像、多姿的动画、声色兼有的视频。

三是知识点的选择要精练,5～10分钟内能够讲解透彻。现在是快节奏时代,好比微博,追求快捷精炼;学生课程多,疑问多,微课时间过长,学生没有那么多时间看,也不利于学生集中注意力。一节微课能否设计得好、教学效果佳,知识点的选择和分析处理非常重要。

(二)微课目标的确定

微课是信息时代的产物,它还处于不断探索与实践的过程中,一位教师要实现什么样的教学目标当因教学内容而定、因学生的接纳程度而定。

(1)结合《课程标准》定目标。《课程标准》从培训对象、培养目标、课程设置、教学实施、课程评价五个方面提出了详细的要求。因此,微课的目标可以结合《课程标准》来定。

(2)结合教材单元定目标。教材都由一个个单元组成,每个单元都有一个教学主题,可以从这个主题中定出微课的目标。一般每个单元的开头,用一两段文字写这个单元的学习专题、学习要点和学习方法等内容,这段话就是单元导语。但就是这样重要的文字,却常常被老师们忽视了,往往写得比较敷衍。其实单元导语是十分重要的资源,它对课程内容具有关键的引导性和指向性。在微课制作中,必须要充分发挥其作用。

(3)研究教材内容定目标。不管哪一门学科,都有自己的教材,充分挖掘教材,从中定出合理的目标。

(4)依据学生能力定目标。要决定微课怎样制作、以怎样的形式制作,其中重要的一点就是老师必须对自己学生的能力和水平有较深的了解。这样在制定微课教学目标和预判教学效果时,才能有所依据。

（三）微课内容的确定

微课有着时间短、内容精、针对性强的特点，为学习者迅捷地掌握知识提供了有益的帮助。但其自身仍存在一些限制，尤其是对于微课内容的甄选至关重要，切忌在很短时间内阐述的内容太多太杂。应当根据主题，尽量优中选精，提升每节微课的含金量，以促进微课更好地为学生学习服务。

（四）微课脚本的设计

在选好微课要讲解的知识点后，应当开始教学设计。而微课的教学设计不同于传统的教案，确切地说，是教学内容的微处理。围绕所选的"点"（或重点，或难点，或疑点，或易错点）可以从多个角度、用多种方法，考虑学生最需要帮助的地方，以最易于学生理解并掌握的方式展开设计。微课的教学设计是后续制作 PPT 和编写录制脚本的依据。

教学设计的文本确定以后，就可以开始制作 PPT。这其中当然包括微课中所需素材的收集整理加工的过程，接下来，就要进行录制微课的脚本设计。

一般来说，在录制之前要写好完整的脚本，逻辑清晰的脚本是微课顺利录制的重要保证。这也是高效录制视频，尽量保证一次成功的诀窍。

脚本结构一般包括：PPT 编号、页面描述、配音内容、时长、备注等，备注主要是一些特殊的、需要提醒制作者或者授课教师注意的操作事项。

在这个过程中，要反复推敲教师要讲述的每句话。写脚本的时候，有时还要根据具体情况修改 PPT。

（五）微课版面的设计

首页与封面设计：最好采用 PPT 的首页作为封面，这样可以一目了

然地知道知识点与作者。第一张 PPT 作为微课的"脸面",应当有以下清晰的"五官":

额头:如果是系列微课,可以在此说明。

眼睛:简明扼要的微课标题。

鼻子:作者及单位。

嘴巴:学科学段、章节及教材。

耳朵:边饰,缺少边饰则显得有些古板、单调。

背景:就好似人的皮肤,尽量以素雅为主,能烘托字体。

中间页:最顶上可以写知识点的小标题,要简洁大方,让人一目了然,中间则放置主题内容,右下角或左下角留出空白,以放置教师画面,同时,不挡住文字。背景应当比首页更加简单,但是不推荐没有背景或是某种纯色的背景,太素也不好。

尾页设计:可以加入感谢语、微课题目、欢迎观看其他微课等语言,此页不建议加入教师画面。

二、微课制作流程

(一)微课制作准备

制作微课前的期准备工作很重要,要确定制作的主题,精心编写微课的脚本,准备微课制作所需要的图片、音频、视频、动画等素材并对其进行相应的处理。

(二)步骤

1.前期准备

制作微课应准备好以下几方面的内容:

(1)选择要讲的知识点。

(2)将知识点按照一定逻辑分成很多个小知识点。

(3)针对所选定的教学主题,搜集教学材料和媒体素材并对其进行相应的处理,做好 PPT。

2. 录制阶段

微课的制作方法很多,按录制方式,可以分为拍摄型、录屏型和混合型。录屏型,简而言之,就是把计算机屏幕上所呈现的内容录制下来,成为一段视频。

（1）视频拍摄工具拍摄。通过 DV、摄像机、智能手机、网络摄像头、数码相机等一切具有摄像功能的设备进行拍摄。当然,有条件的学校也可以采用专业的录播教室进行拍摄。通过这些设备对教师及讲解的内容教学过程进行全程的记录拍摄,这样,真实的教学情境能给人以亲切感。使用视频拍摄工具拍摄可以使情境真实,充分展示教师的教学水平与能力,但是,这也使微课的制作成本增加,有些拍摄工具还需系统学习,不利于大部分教师的使用。在视频拍摄完成后,视频后期编辑工作量大,这些缺点仍需克服。

（2）录屏软件录制。在教师自己的计算机上安装录屏软件进行录制,如 Camtasia Studio 录屏软件,结合 PPT 与其他软件或者工具呈现教学过程。使用录屏软件成本低,只需下载安装即可,人人都可操作,但需要在 PPT 的制作和微资源的收集与制作上下功夫,才能制作出高质量的微课。

（3）混合式录制。运用实拍式、录屏式合成等多种方式的整合,最终的视频既有拍摄,也有录屏,还有软件开发的各种资源等。也可以采用软件与硬件一体专业级录播或者演播系统。这种方式形式多元,教学主线清晰、信息量大、质量高,具有很好的交互性、学习性和观赏性,是高质量微课的首选方案。但这种方式制作时需要专业的设备与软件,需要专业人员进行拍摄与后期编辑,制作成本高,花费精力大,在脚本设计时需要更加细致。

3. 后期加工

最后进行视频的整合处理,软件主要用到 Flash、Photoshop、QQ 影音、美图秀秀、GIF Animator、电子杂志、会声会影、Camtasia Studio 等,专业级非编软件可以使用 Premiere、Vegas、Canopus Edius 等,也可以使用 After Effects 进行后期特效合成。

4.视频输出

微课通过录播系统录制后,又使用视频编辑软件进行剪辑,最后通过 Camtasia Studio 添加字幕。需要注意的是:第一,在录播系统的使用中,应注意教师在场景中出现的频率与时间的长短,区分微课与常规课堂。第二,在微课的 PPT 或者动画中尽量保证是动态的,回避长时间静态帧的出现。

第五章　信息化时代的移动学习

　　2019 年 2 月 24 日，华为发布了跨时代的手机产品 MateX，这款手机采用了柔性屏幕，折叠起来是手机，展开后可以作为平板电脑使用，随之而来的还有 5G 技术的运用。如今，移动互联网发展迅速，手机更新换代的速度越来越快，应用也越来越广泛，移动社交、移动支付、移动观影等已成为当今社会一种主流的生活方式，而紧随其后便是移动学习。

第一节　移动学习的理论基础

信息技术的飞速发展促进教育的变革,这种变革不但表现在获取知识的途径和知识量等方面,也表现在教学过程中的教学方法和教学模式的变化。

一、移动学习的概念与内涵

移动学习尚属一个新兴的研究领域,在国外,一般以 M-Learning 或 M-Education 为名,在国内,也有人将移动学习称为移动教育。一般认为:移动学习就是借助移动技术和移动设备来实现随时随地学习的一种新型学习方式,其实现过程如图 5-1 所示。具体来看,可以从"移动"和"学习"这两个方面来理解移动学习的内涵:一方面是移动学习在形式上表现为移动性,即利用移动设备和移动通信技术来实现资源的共享及教学的交互,可以实现随时随地学习,其学习情境是移动的;另一方面移动学习是一种新型的学习方式,这个"新"字不仅体现在新技术、新形式上,还体现在它对传统学习有一种革新的作用,使得学习的含义有了极大的扩展,包括学习条件、学习过程、学习发生的机制等都体现出新的特征和新的内涵。

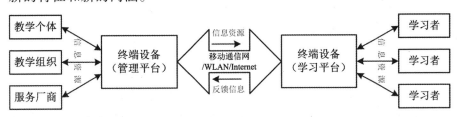

图 5-1　移动学习过程模型

美国斯坦福大学的学习实验室很早便开始了关于移动学习的应用实践研究。他们认为既然无线网、iPad 等能够帮助我们与其余事物均保持密切的联系,那么也应该能够帮助学生使每天的碎片时间都富有意义。他们将移动电话应用于学生的语言学习环境中,将外语学习(比如西班牙语或者其他语种)作为主要的学习内容。在 2001 年夏天,该实验室开发了几种较为简单的 M-Learning 模型,也是较早就应用于实际的移动学习模型,让学生可以随时在"移动"中学习,也可以利用自己的碎片化时间在一个安全可靠的环境中进行知识的预习、复习和练习。

爱尔兰教育技术专家基更(Desmond Keegan)在他的《从远程学习到电子学习再到移动学习》(From D-Learning, to E-Learning, to M-Learning)一文中,将移动学习放在了远程教育的最新阶段,可以说,移动学习是一种面向未来的学习方式。

对于移动学习,可能不少人还有困惑,究竟何时、何地、何种方式的学习才算移动学习呢? 造成这种困惑的,其实源于我们对于"正式学习"和"非正式学习"的严格区分。"正式学习"是指发生在实体场所的有监督的学历教育或继续教育;而"非正式学习"指在非正式学习时间和场所发生的,通过非教学性质的社会交往来传递和渗透知识,由学习者自我发起、自我调控、自我负责的学习。

移动学习以最平易近人的方式,提供了独一无二且无与伦比的学习机会。移动学习将为前面所提到的"混合式学习""联通学习"提供良好的载体,移动端也终将成为采集教育大数据的重要入口,成为"量化学习"的重要数据来源。让我们为未来的移动学习做好准备,去尝试一下用"为知笔记"来记录学习中的点滴,用"微软小蜜"来进行课件识别,用"坚果云"来同步学习资料,用"百词斩"来记单词……唯有通过一次次不同的移动学习体验,我们才不会被技术的发展甩开太远,才有在这科技引发巨变的时代中不断自我发展的资本。

二、移动学习的特征

与传统的学习方式相比,移动学习具有以下特征:

(1)学习形式的移动性。移动学习外在的表现形式就是可以实现随时随地的学习,学习者可以利用移动终端(包括无线连接的笔记本电脑、手机、PDA 等)和移动通信技术来实现信息的获取、学习与交流。因此,移动学习的移动性特点是显而易见的,也是其区别于 E-Learning 的一个独特优势,它使得学习真正具有灵活便捷的特点。

（2）学习过程的情境性。由于移动学习发生在"移动"中,它使得学习者在学习的同时处于真实的生活情境中。学习无处不在,学习者有机会将抽象的学习与具体的生活经验联系起来,并且,随着技术的进步,移动设备的情境感知能力越来越强,通过技术能获取环境信息,以利于学生的情境认知,为学习者的有意义学习提供帮助。当然,情境性特点也会使得移动学习面临如何排除情境干扰的困境。

（3）学习交互的多媒体性。交互是学习中必不可少的过程。传统的学习中,可以通过面对面的交流来实现交互,主要是言语和体态等形式。在 E-Learning 学习中,通常利用聊天室、讨论区、邮箱等一系列实时的和非实时的交互工具来实现交互,主要是以数字化的形式为载体,也有面对面的交流。而在移动学习中,师生处于分离的状态,交互主要依靠多种媒体形式的资源来呈现,以文本、图片、短信、彩信、音视频等形式的多媒体资源来实现交互,因此移动学习的交互具有明显的多媒体性。

（4）学习行为的个体性。移动学习真正实现了以学习者为中心的学习理念。在移动的环境中,主要依靠学习者个体来实现学习过程,将学习过程的自主权交给学习者,如选择学习内容、自控学习进度,包括学习交互的实现也要通过学习者主动进行。因此,学习者可以根据自身的特点和兴趣爱好,来进行个性化的学习。

（5）学习时间的片段性。在移动学习中,学习者处在移动的环境中,可能面临复杂的情境,其学习时间很难保持连贯、一致。此外,由于移动传输技术本身的延迟以及学习者的注意力极易分散,因此,在移动学习中,学习时间呈现出片段化的特点,表现为由许多不连续的时间片段组成。

三、移动学习的理论支持

物质手段或物质载体制约着学习方式的变革,这一点似乎在移动学习领域又得到了一次验证,宽带移动多媒体通信技术的应用才真正让移动学习浮出水面。但是移动学习的实践也必须有新型理论的指导(表5-1)。另外,从心理学、人类学、社会学角度思考移动学习,分析移动学习产生的必然性,也有助于对这种新型学习方式的理解。

表5-1 理论支持下的移动学习活动

主题	代表人物	活动类型
行为主义学习	斯金纳、巴甫洛夫	●操练和反馈 ●教室应答系统
建构主义学习	皮亚杰、布鲁纳、Papert	●参与式模拟
情境学习	维果斯基	●基于问题和基于案例的学习 ●情境智能
合作学习	Eraut	●移动计算支持的合作学习（MCSCL）
非正式学习	无	●支持有意的和偶然的学习情节

（一）行为主义

行为主义视野下的学习被认为是某一特殊刺激和反应之间的强化所引起的外显行为的变化。应用到教育技术中，计算机辅助学习就是问题的呈现（刺激物），随之是学习者的解决方法（反应），系统的反馈机制提供强化——学习的发生是信息从指导者（电脑）到学习者的传递过程。利用移动终端呈现学习材料，获得学习者的反应，并提供反馈符合行为主义理论的策略。

在利用移动终端开展"操练和反馈"活动的设计阶段，会碰到类似于设计早期计算机辅助教学（CAL）系统时的困难，因为这些终端显示功能有限、输入方法有限且连接速率低。

（二）建构主义

建构主义理论认为，学习是学习者在自身经验的基础上积极主动地建构新思想或概念的过程。瑞士儿童心理学家皮亚杰关于儿童不同发展阶段的智力发展的论述，为利用认知结构（图式）选择信息、提出假设和作出决定提供了理论依据。移动终端能够让学习者进入真实的学习环境并同时能够获得学习支持的工具。建构主义原则指导下的移动技术应用如参与式模拟的学习体验。

（三）情境理论

情境理论认为学习不仅仅是个人的知识获得，也是一个社会参与的过程。其强调外部学习环境对于学习的重要意义，学习行为发生的情境对学习过程有很大的影响。现在，移动通信技术使随时随地获取任何知识成为可能，有助于提高学习活动的质量。因此，移动学习为情境认知提供了技术支持，而情境认知学习理论则为移动学习提供了理论支持。

目前使用移动终端开展情境学习活动的类型主要有基于问题的学习（PBL）、基于案例的学习（CBL）和情境智能（context-aware）学习。

注：情境智能意味着能够从学习者的周围收集环境信息以及工具设备信息，并为学习者提供与情境相关的学习活动和内容。移动终端特别适合于情境智能的应用，因为它能在不同的情境下使用，并能够让学习者对身边的世界保持注意力，当有需求时还能够提供适当的帮助（"脚手架"）。如在博物馆中，根据参观者的不同位置，用移动终端为他们提供额外有关展览的信息。

（四）合作学习

移动终端支持的协作学习（MCSCL）研究来源于计算机支持的协作学习（CSCL），特别关注用移动技术促进、培养和增强学生间的交互和协作。CSCL应用了很多的理论，如情境学习理论（强调学习过程中的社会交互）、维果斯基社会—文化心理学视野下的活动理论等。

（五）非正式学习

非正式学习是一种隐含式学习，源于直接的交互活动及来自伙伴和教师的丰富的暗示信息。学习每时每刻都在发生，并且受我们周围的环境和特殊情境的影响。

人类学习进程中实际上并不存在普适的学习形式，只能针对不同的人群、场所、条件等，设计多样的学习形式，为寻求新的学习机会的人群提供适合其需求的多种学习可能。表5-2为非正式学习的多样性举例。移动技术以其体积小、使用简单而能够潜在地支持这样的学习活动。另外,在偶然学习中,学习片断也是可以预测的。移动技术的私有性和便携特性成为记录、应答和共享等类型的非正式学习的备选。

表5-2　非正式学习的多样性举例

非正式学习形式	时间	空间	学习设备	传播途径	学习对象	学习者人群
随意阅读	空闲时间	不限	书籍、MP4、电脑、手机、iPad等	在线、离线	不限,需要教育者设计提供	不限
听音学习	非工作时间	不限	手机、MP3、无线广播、iPad	在线、离线	不限	不限
模仿学习	非工作时间	不限	视频终端、真实场景	在线、离线	技能类	不限
车载学习	旅行时	旅途中	车载设备等	在线、离线	预设	不限
移动学习	非工作时间	不限	移动设备	在线、离线	不限	不限
微型学习	不限、偶发	不限	各种设备	在线、离线	不限	不限

第二节　支撑移动学习的软硬件与网络环境

目前国内的移动学习系统主要是以商业化形式运作。商业化系统更多关注的是市场走向和市场利益,缺乏扎实的教育理念支持,也没有大量实践经验和专业的教学研究队伍。因而,国内的许多移动学习系统普遍存在终端适应性差、系统响应慢、用户界面(User Interface, UI)反响不友好、教学资源不完善、易用性差等问题,未能深入体现移动学习模式的特点。

一、移动学习终端平台建设

作为移动学习的终端,可以包括手机、笔记本电脑、平板电脑,甚至车载电脑。其终端多种多样,处理能力千差万别。笔记本电脑处理能力远超过手机平台。即使同一类型终端使用的操作系统和软件也多种多样,如苹果手机的 iOS 操作系统与华为手机的 Android 操作系统具有较大的差异性。移动学习终端平台的建设应考虑到这些差异性。硬件平台和软件平台尽量选择具有通用性的平台,并尽量兼容个性化终端。

移动学习终端建设主要以智能手机和平板电脑作为主要对象,考虑到 Android 操作系统已占有智能手机市场的 60% 以上,可以 Android 操作系统作为软件平台进行客户端开发。同时考虑到兼容性,也需开发浏览器模式下的客户端,以尽量方便其他移动学习终端的使用。但由于手机浏览器本身的功能限制,浏览器模式下的客户端有部分功能受到限制或交互性、易用性略有差别。

（一）移动标准和实践

标准在我们的生活中发挥着极为重要的作用。例如,标准和规范为目前移动设备的大幅增加铺平了道路。移动设备的便携性和广泛连接性为移动学习提供了大量的机遇。移动平台大幅提高了人们获取资源的便捷性,而且创造了新的学习环境并提供了丰富的学习体验。尽管有大量的标准支持移动设备的使用,但只有少量的标准定义了如何使用移动设备进行学习。

“移动”对不同的人意味着不同的事物。对一些人而言,这只意味着将通信设备从连线的基础设施上移除;对另外一些人而言,这意味着将电子内容从较大的设备移动到较小的设备上。对于充分利用移动设备提供培训和学习机遇的人而言则完全不同,这意味着使用支持设备辅助学习方式的完全转变,这不仅仅是内容显示方法的转变,还包括内容组件、呈现、消化和评估方法的转变。这与在线或计算机辅助学习具有本质上的不同,因为使用移动设备可以充分利用学习者周围的环境,而传统的电子学习方法则无法做到。

首先介绍的标准便是大多数移动设备的主要功能——通信。为了使用移动设备拨打电话,可以使用两个相互竞争的标准之一:时分多址（TDMA）或码分多址（CDMA）。每个标准和对应的技术均是为了解决相同的问题——让尽可能多的用户使用相同的频率范围。TDMA 按照时隙分割信号,而 CDMA 为每个用户分配不同的代码。两种技术都非常高效,许多运营商都采用了这两种标准和使能技术。TDMA 之后被全球移动通信系统(Global System for Mobile, GSM)替代,此类标准从 2G 时代开始演变(目前最快的速度是 5G)。另外,GSM 包含一个重要的通信技术——短信服务(Short Message Service, SMS),这是发送文本信息的标准。SMS 采用 GSM 技术开发,但是也可以应用于其他技术。

蓝牙和 Wi-Fi(也称为 IEEE 802.11)让设备可以在更小的范围通信,而且无须手机信号。

人与人甚至设备与设备之间的通信协议很重要,但是随着移动技术的发展,设计用户界面的能力也变得越来越重要。目前普通电脑操作系统上浏览器的内容规范拥有悠久的历史,移动设备采用了许多与之相同的标准,并获得了一定的成功。超文本标记语言(Hyper Text Markup Language, HTML)是最著名的显示方法,因为有许多网页使用这一协议显示内容。在 HTML 标准之上还有层叠样式表(Cascading Style Sheets, CSS),这一标准的功能和灵活性要高于 HTML。移动技术采用了这两种标准。与之类似,许多音频和视频格式标准,如 MP3 和 MP4,也从电脑迁移到移动设备上。

当一种设备上网页内容显示的共性机制被确定之后,便可以实施用于学习或其他用途内容的结构构造、说明和追踪。万维网联盟(W3C)提供了大量的标准和最佳实践用于开发网页应用和网页最佳实践,以及网页技术的使用。使用 OASIS 的达尔文信息类型体系结构(Darwin Information Typing Architecture, DITA)可以在一个标准化层级内对数据进行分级和分类。在使用浏览器的系统,使用 SCORM 可以高效地对学习数据进行追踪,但需要对这一技术更新,才能在移动设备上实现相同的功效。

根据在计算机辅助学习标准演变过程中获得的经验,为移动设备开发的最佳实践、规范和标准不应当是对 SCORM 或其他电子学习框架的简单移植。在移动设备上使用的标准应当可以改善学习内容和机遇,而不是将相同的电子学习方法复制到更具便携性的设备上。移动设备的主要优点是具有实时位置相关性,例如,使用全球定位系统(Global Positioning System, GPS)可以显示手机的位置,使用位置信息可以返回更多具有相关性的信息。使用二维码(Quick Response, QR)可以获取图片中嵌入的信息,进而获取更多的信息。与之类似,射频识别(Radio-Frequency Identification, RFI)嵌入设备在接近相应设备时可以做出反应,常见的例子是汽车无须停止便可支付过路费。通过围绕移动设备用户创造背景,可以提供更加丰富和个性化的体验。标准让这一切成为可能。

（二）学习标准的演变

在高级分布式学习计划（ADL）中的共享内容对象参考模型（SCORM）的促进下,移动学习标准提供了稳定的基础,并推动了学习管理系统的开发。现在国际厂商和机构已经广泛采用这些标准,并用于发展未来的电子学习。目前,ADL计划与厂商和用户合作,开发规范、标准和最佳实践,让学习技术超越SCORM,建立未来培训和学习架构（Trainingand Learning Architecture, TLA）。TLA将提供一套标准,在学习技术和内容组件的生态系统内实现个性化的学习环境,让用户不仅可以随时随地学习,还可以在正确的时间和地点学习。

目前人们正在开发轻量化技术,在学习管理系统之外进行广泛的追踪,提供数字学习体验,甚至可能实现体验式学习。另外,在收集数据的过程中也会展示数据,用于事实评估、统计分析、数据挖掘和自定义报告,以及与其他系统分享数据。

展望未来,移动技术将找到新的方法使用户与周围世界彼此相连。随着大量设备、带宽、速度、尺寸和应用在市场需求的推动下不断发展,移动技术在未来将提供更多的学习机遇。

现有的标准和实践将成为未来移动学习内容设计、发布和追踪的基础。现在的SCORM技术可以实现LMS背景下的追踪,而通过下一代技术可以方便地对其他类型数字学习体验进行相同的追踪。随着不同学习设备追踪能力的提高,目前和未来的学习计划能够提供更多的个性化学习,并能够在用户需要时通过移动设备提供更加丰富的学习体验。

二、移动学习网络环境建设

移动学习是移动通信技术、网络技术与教育教学的有机结合。学习系统需要保持一定的网络带宽,以便及时将学习资源传送给学习者。由于学习者的随意性和学习时间的片段性,无线网络带宽的延迟极易影响学习者的情绪,进而对所处的学习环境感到失望。因而保障移动学习系统网络环境的畅通是移动学习系统建设的基础条件。

随着通信技术的发展,手机用户的普及,全球无线热点、无线热区和无线城市纷纷建设,无线网技术也一步步走向成熟,5G无线通信网络也开始走进人们的生活,这些都为移动学习环境提供了可靠、稳定的移动学习环境,提高了移动学习系统的可用性。

第三节 移动学习的优势和带来的挑战

移动学习并不是解决所有教育体系问题的万能药,但是,移动设备蕴含着巨大的潜力来改变学生的学习方式。移动技术能够改变并改进当前教育体系的现状,取决于在移动技术之中融合什么样的教学法;取决于老师们开放的思维、创造性以及是否做好了将移动技术融入课程之中的准备;取决于学校的预算以及是否允许学生建立使用移动设备的文化理念;取决于在"怎样有效地使用设备"这个问题上不断地创新。

移动学习有诸多的优势和缺陷,大多与不同学习环境相联系。

一、移动学习的优势

移动学习为学习者带来了诸多的好处和机会,伴随着"指尖上的时代"到来,移动学习从本质上不断地改进和促成学生学习的个性化。

第一,能够随时随地学习。在传统的学习环境中,学生坐在教室里,从早晨8点开始上课,一直上到下午3点。这就是学生学习的时间和地点。有了移动设备,学生可以随时随地通过手机、iPad等移动设备与教师进行沟通和交流,同时,教师也可以通过移动学习平台给学生布置作业和批改作业。这样不仅提高了学习效率,而且还消除了师生之间的距离感,也极大地增强了学习的时效性,减少了问题的积累,进而提高了学习效率。

智能手机日益广泛的使用,表明了文化准则正在以"沟通、访问信息、联系同伴和同事学习甚至社交"等方式改变着。教学的体验意味着让学生做好接触现实生活的准备，因此，教学体验应当反映现代社会的现实。如今，智能手机和可连接互联网的移动设备在我国随处可见，而教育领域绝不能无视这一事实。

移动学习是一种覆盖未曾服务到的孩子和学校的可能的方式。和其他技术相比，移动技术是一种性能更高、更能持久且每名学生所需的成本相对更低的技术。移动设备使学生可以抓住出现在课堂外的其他环境中的学习机会。虚拟博物馆、在线课堂以及模拟的体验，都是移动设备和互联网的"标配"。特别是对经济欠发达的学区或者收入较低的学生来说，移动技术可以真正地平衡这种差别。

第二，移动学习提供了一个改进高阶思维技能的媒介。"21世纪关键能力联盟"组织曾为学生定义了要在学校里熟练掌握的四种技能：批判思考和解决问题、沟通、合作、创造与创新。移动学习固有的特点，也培育学生的这些复杂技能。移动设备能够轻松地和他人分享信息、创造性地运用大量的资源、批判性地评估各种信息的真实性与价值，这些就是移动技术在教学实践中获得的日常应用。

移动设备，特别是人手一台的情况下，更有利于个性化学习氛围的营造。个性化的学习环境使老师更容易找出难以掌握某些概念的学生，并且相应地布置课堂作业和家庭作业。移动技术使这一过程变得更加流畅、高效地执行，并且可以有效地追踪学生的成长。这给学生的档案增添了丰富的数据内容，便于将来参考和研究。

第三，移动学习提供了一种全新的方式，充分调动了学生的积极性，激发了他们的创造性，赋予了他们个性化和自主权。对于学生们来说，手机和移动设备的使用率非常高，当他们有着明显的兴趣和热情来运用更新的技术时，满足一下他们的要求是有价值的做法。

二、移动学习带来的挑战

移动学习同样也面临一些挑战，希望本书能为克服这些障碍想出办法，同时，也为大家提供一些策略来应对移动学习带来的挑战。

第一，不同的受众接入移动设备和访问互联网的能力有差别。学校和家庭中宽带的可用性和成本，对于经济欠发达的学区，可能是较大的障碍，这就造成家庭经济实力不同的学生之间产生极大的差别。

虽然移动设备的使用增加了贫困学区接入互联网的机会,但在学校和家庭里都广泛地接入互联网,是充分利用这些设备的关键所在。在接入互联网方面有差别,一个隐性的因素是成本。虽然一些研究表明,由于电子元件的成本下降,已经使得低收入和偏远地区家庭中拥有移动设备的比例提高了一些,但与中高收入家庭仍存在着显著的差距,这些差距有待进一步缩小。

第二,当学生在课堂里或家里使用移动设备时,必须以某种方式去监控。因为移动设备可以丰富学习内容,也有可能分散学生的学习精力,或者有机会做一些不道德的事情。此外,眼睛盯着屏幕的时间越来越长而引发的健康问题,学生过度分享个人信息而引发的保密性问题,都是移动学习要克服的障碍。因此,任何一门包含移动技术的课程,都应当教学生负责任地使用移动设备,并提高学生在数字时代的素养。学校需要制订"可接受的使用制度"(AUP),并且思考哪些网站应当受到访问限制。

对于在教学中使用移动技术,当前存在许多反对的态度和偏见,教育体系依然是以支持传统教学法的方式来组织的。有效地将移动技术融入教学中去,意味着要摒弃一些传统的组织体系,而许多利益相关方反对这种大规模的文化变迁。

第三,使用移动设备的方式,也影响到它们的效能。移动设备不能只是简单地添加到现有的课程之中,而是应当用来改变课程的组织方式,以全新的方式来吸引学生。实际上,老师们应当首先制订一个移动学习的计划,然后再去购买移动设备;而不是先拿到设备,然后再把它们与正常的教学方法结合起来。以创新的方式来使用移动设备,可以使学校持续地成为新兴技术的弄潮儿,不停地将技术引入课堂之中。持续不断地更新内容和活动,即使那些设备已经使用了好几年,也能对学生保持吸引力。

第四节　移动学习的未来

移动学习的未来潜力是加强在教室内外和工作场所内外的学习。通过将移动设备带到教室,我们有机会将正式教育转变为更具吸引力、相关性、协作性和外向的活动。通过使用移动设备将学习带到教室之外,我们还有机会将整个世界变为学习空间,改变非正式教育。

一、"云"与移动学习

(一)云计算

云计算是基于互联网的相关服务的增加、使用和交付模式,通常涉及通过互联网来提供动态易扩展且经常是虚拟化的资源。

(二)云计算与移动学习

在移动学习的过程中,随时保持设备、资源、人之间的无缝联系是必要的。最近几年愈演愈烈的云计算对移动学习的存在和发展起到了推波助澜的作用。"云"对移动学习的帮助主要有两方面:

(1)只要填好登录信息,学员就可以在任何地方获得移动学习信息;任何能够连接网络并且安装有浏览器的设备或 App 都可以变成学员的"电脑"。

(2)学员不需要复杂的移动设备,只需要该设备可以连接网络并能安装上浏览器或 App 即可。

(三)目前我国的各种教育"云"

在云计算和大数据的背景下,各种教育"云"在迅猛发展。有互联网大公司主导的教育"云",如网易公开课、凤凰公开课、百度公开课、淘宝大学、微信大学等;也有政府教育主管部门主导的教育"云",如国家基础教育云平台、上海市杨浦区的创智云课堂、广东省的"粤教云"项目等教育"云"平台及教育"云"应用项目,正在改变着基础教育阶段的学习方式和学习习惯。以"粤教云"为例,"粤教云"在平台搭建和教育"云"应用的示范方面为移动学习提供了许多有益的经验和探索。

二、MOOC(慕课)与移动学习

MOOC(慕课)从北美、欧洲到亚洲的蓬勃发展,给世界各地的高等教育和基础教育都带来很大的冲击和挑战。MOOC带来的是超时空的变革,使教育超越了时空的界限,使得优质教育资源全球共享、全民共享。不仅使我们在全球各个角落都能享受到优质的教育资源,并且MOOC还是移动学习的典范,可以走到哪儿学到哪儿,甚至可以反复学,或者十年、二十年后再学。

(一)MOOC简介

慕课(Massive Open Online Course, MOOC),即大规模在线开放课程,是指通过互联网面向所有人开放的一种网络教学课程。随着学习时间的推移,放弃的学生越来越多,视频学习的人数却越来越少。在线课程分为两大类:一类是慕课;另一类是基于在线课程的混合式教学(Online Courses Based Blended Classroom, OCBC)。

慕课有三大典型特点:

一是开放,任何人不分年龄、性别、学历、地域都可以参与到慕课的网络课程学习中,对学习者几乎没有任何门槛和要求。

二是在线,全世界的人只要有计算机,能够连接上网,就可以利用网络资源进行课程学习。

三是大规模,不但体现在参加学习的人数规模上,也体现在参与教学的人数规模上。

（二）MOOC 在我国基础教育领域的发展

（1）由于我国中小学的课程主要是以教学目标或课程标准为基础的,并且我国基础教育的 MOOC 在一开始就与"翻转课堂"的理念联系在一起,形成了以微视频为载体的 MOOC 加"翻转课堂"的先学后教的模式。

（2）我国当代教育正在从"知识本位"走向"综合素质本位",即走向知识、能力与情感、态度和价值观融为一体的教育。以"翻转课堂"和微课为代表的教学模式中,知识的掌握可以通过课前的微课自学来高效地完成,课堂上多出来的时间,则可以更好地让学生在探究活动中养成科学研究的态度,学会科学研究的方法和相应的技能。

第六章 移动学习的设计与资源开发

　　近年来,随着移动通信技术、移动终端设备的飞速发展,一种全新的学习模式——移动学习悄然而生。移动学习在教育领域有着十分广阔的应用前景,目前这一应用已成为教育领域中人们探讨的重要课题。长期以来受传统教学的熏陶,师范生仍然热衷于"教师讲、学生听"的接受学习方式,对现在提出的自主、合作、探究等方式重视不够,这样就会影响他们对新学习方式的接受和运用。因而,需要增强师范生开展移动学习的意识,提高其教学技能。

第一节　移动学习的教学设计

高校师范生是教师的职前阶段,也是教师专业能力养成非常重要的初始阶段。因此,如果要胜任信息化环境下的教学工作,必须具备良好的信息化教学设计能力。高校师范生要学会利用多媒体手段和丰富的教学资源,在教学实践中准确地设立教学目标,选取恰当的教学策略,通过学习情境的创设和学习活动的设计,引导学习者进行探究式学习和协作式学习。使学习者建立新知识与内在知识的联系,能够对新知识进行有意义的建构,从而使学习者进行有效学习,提高其信息加工能力、批判性思维和问题解决能力。

一、通用的移动学习教学设计方法

Stanton 和 Ophoff 提出了一种通用的(广义的)移动学习设计方法。该方法是一个抽象框架,只定义了移动学习设计的阶段过程,没有对移动学习提出规定的内容与结构。下面是对模型中各个步骤具体内容的讨论。

(一)目标

确定目标是移动学习设计的第一步。在此阶段要确定"为什么"要开发这个课程以及想要得到"什么样"的结果,目标的提出应考虑教学法和情境因素的影响。目标制定由大到小,最先确定机构和组织目标,然后细化到针对学习者的学习目标。目标的表述要可量化,以便以后以此评估课程是否成功。

（二）教学法

教学法在图中与模型中的"目标"以及"递送手段"两个要素相连。在这个环节中,确定课程的目标属于哪种类型的学习,需要设计什么样的学习策略,需要什么样的学习方法都是非常必要的。教学设计师可考虑设计美国当代著名的心理学家、教育家布鲁姆的学习目标分类中的高阶能力目标来提高学习者的思维水平。

（三）情境

情境是移动学习设计需要考虑的一个较大的领域,并且学习情境的选择需依赖于学习类型,这对于教学设计是否有效非常重要。学习情境涉及的内容可分为三类:

（1）个人情况,比如学习者和动机以及先前的知识。

（2）学习者使用课程的境遇和场景,比如何时、何地、在什么社会情境下使用课程。

（3）学习环境,比如所提供的学习设备、内容、安排等。

（四）内容

内容是指要教的是什么,学习者要学什么。关于内容的设计不仅包括要递送的材料,还要确保达成教学目标所有必要信息都可从移动学习平台上访问。因此,内容直接和教学资源的结构以及递送手段直接相关。

（五）递送手段

递送手段回答了如何让学习者获得信息的问题。目标、教学法和情境都是影响信息传递的因素。在递送手段方面还涉及如何充分利用移动传播媒体本身的特点,包括多媒体的选择,声音、图像、视频和文本的配合,以及确保学习内容的可获取等。

（六）结构

Stanton 和 Ophoff 理解的结构和我们通常对结构的认知略有差别。他们主要是从事件流的角度看教学资源的结构,是指在合适的情境和教学法的指导下,我们什么时间传递能够符合目标需要的内容。它是设计规划的最后一个阶段,如课程的安排,结合前面的所有要素,确保将这些要素以某种方式组合在一起,能够指导学习者在移动学习环境中灵活、自主地学习。

（七）移动学习课程的实施与评估

在模型中,移动学习课程的实施与评估独立于移动学习课程资源设计之外。要注意的是,在实践中实施环节在规划设计之外,应该被细化执行。评估阶段也受该模型中其他各环节的影响,反之也用于评估移动学习设计的各个环节是否有效。评估应该与目标直接关联,而且通过可测量的结果来评估目标的实现情况。

二、移动学习决策路径模型

为了推动移动学习的实践,为移动学习的设计和开发提供参考,有学者提出一种设计和开发框架:移动学习决策路径模型(Mobile Learning Decision Path, MLDP)。

根据 MLDP 模型,设计师的具体决策活动分为五个步骤:

（一）设计师收到最初的需求

通常教学设计师会收到一个需求清单或描述,列出了客户预期达到的一系列目标。设计师根据这个清单做出初步的判断,确定是否应该使用移动学习技术。

（二）确认掌握决策所需的信息

设计师咨询相关方以及最终用户，确认已经掌握了决策所需要的信息。这部分定义用户对移动学习的基本构想，设计师需要整理出开始项目之前所有需要回答的问题，包括一些能帮助分析和决策的具体问题，其目的是确保教学设计师在项目开始前获得所需的全部信息，这对于后面做出判断、权衡移动学习解决方案是至关重要的。

（三）设计师考虑如何使用移动技术以满足学习需求

分析相关的约束条件和已有的优秀实践，考虑采用何种移动学习解决方案，包括如何使用移动技术，以及移动技术在项目中的地位和作用，确定何时向移动学习转换。在这里还要考察实施方案的技术细节，如可用性、设备功能以及移动解决方案的功能特点。

（四）设计师确定采用具体的移动学习实施方案

涉及重新设计移动学习内容，设计移动绩效支持工具的具体工作。确定整个移动学习项目何时需要完成重新设计并投入使用，确定判断项目是否成功的标志，以及考虑如何达到成功。

（五）设计师根据 MLDP 提供的建议做出决策并调整

参考 MLDP 资料库中的建议和优秀实践修订解决方案，并对项目实施的风险做出估计，避免和减少风险，帮助用户贯彻整个实施方案。

MLDP 模型可以辅助教学设计师在移动学习的分析与设计阶段做出合理的决策。MLDP 在选择和优化移动学习的解决方案时可以帮助设计师在适用性、成本、效果等方面做出权衡；可以帮助设计师理解问题解决方案对移动学习实践的影响。此外，MLDP 还提供了丰富的资源库、案例库供教学设计师查询，帮助他们了解移动学习技术目前的优秀实践以及最近发展的趋势。

三、以 ADDIE 与 ASSURE 模型为指导的移动学习教学设计模型

在通用教学设计模型中，ADDIE 与 ASSURE 都是常见的过程模型，它们表述了教学设计活动的主要步骤和重要环节。其中，ADDIE 模型将教学设计活动分为分析（Analyze）、设计（Design）、开发（Development）、实施（Implement）和评价（Evaluation）五个阶段。而 ASSURE 模型则将教学设计过程分为分析学习者特征（Analyze learners）、陈述目标（State objectives）、选择媒体和材料（Select media and material）、运用媒体和材料（Utilize media and material）、要求学习者参与（Require learner participation）和评价与修改（Evaluate and revise）六个环节。

有学者以 ADDIE 与 ASSURE 教学设计模式为指导，分析了移动计算技术和无线网络技术自身的特点以及外部使用环境的差异，结合广播电视大学系统远程开放教育的实践，提出了一种适合移动学习的教学设计模式。该模式讨论了移动学习设计的流程和主要阶段，将教学设计活动划分为分析、设计、开发、整合、实施、评价等六个环节，具体如下：

（1）学习者分析和教学情境分析。这个环节的主要工作是分析学习者使用无线网络技术的技能，确定是否需要在学习中整合移动计算技术，以及确定天气、安全状况等外部环境的约束。

（2）移动学习资源的设计与开发。主要包括阐明学习目标，选择适当的学习内容呈现方式和组织结构，开发数字化移动学习资源，安排学习活动实施计划等活动。

（3）移动技术与教学环境的整合。根据移动设备的特点考虑整合方案，重点关注实用性，并且构建移动学习环境，包括如何获得设备以及部署网络连接等。

（4）移动学习教学策略的设计。基于移动学习的开放环境选择合适的教学策略，可采用自主学习、合作学习、探究学习等教学策略。

（5）教学活动的实施。安排教学活动并创设教学情境；为学习者使用移动学习提供足够的技术支持；观察学习者个人的学习情况和／或合作学习情况，并给予适时反馈和指导。

（6）移动学习结果的评价。移动学习中对学习结果的评价建议采用替代性的评价方式，如让学生展示自己的作品或者能够利用已学的知

识技能来完成实际工作。

四、教学设计的创新策略

信息化教学设计能力是信息化教学能力的核心。高师院校要重点培养师范生初步的信息化教学设计能力,培养过程中要以正确的理念为指导,从多角度出发,培养学生的创新意识,利用信息技术手段,改变传统的教学策略,创造新的以"学"为主的教学活动,在对移动学习进行资源开发和学习策略的选取时,需考虑到学习者可以随时随地通过无线网络来获取学习内容进行学习的特点,进行针对性的设置学习目标和学习活动,并结合高校师范生自身的学科特点,创造性地思考解决问题的办法,更好地完成信息化教学设计。

第一,基于任务驱动的教学设计。任务驱动的教与学的方式,能为高校师范生提供体验教学实践和基于问题的情境,以学习者为中心,围绕教学目标和教学任务进行探究式学习、资源型学习和协作化学习。以信息化教学设计作为主线,完成一节或一个单元的信息化教学能力的教学设计方案为任务驱动,在一定的信息化教学环境中加以运用、训练和探讨,并实时地进行教学评价和教学反馈。

第二,基于混合式学习的教学设计。混合式学习的核心思想是针对不同问题和情况,采用相应的方法解决问题,来实现教学效果的最优化。这种教学策略通常是以虚拟的学习环境为基础,根据学生的学习风格和兴趣爱好,注重活动与资源的设计。移动学习的随意性、灵活性和个性化等特点也为混合式学习的开展提供了很大便利,可以弥补传统课堂教学活动的不足,满足学生课外学习的需要。在进行教学设计时可以根据"主体—主导"教学理念,讲授式教学与探究式教学有机结合,在教学过程中鼓励高校师范生利用移动设备随时随地对问题进行探究、讨论与协作。在传授知识技能的同时,向高校师范生积极地传输先进的学习思想,养成终身学习的意识。

第三,开发优质学习资源,培养学习过程设计能力。传统教学过程中往往过多关注的是教师如何教的问题,而信息化教学设计需要更多地关注学生如何学的问题。通常情况下,在移动学习环境支持的信息化教学环境中,学生接收到的教学信息越明确,对知识理解就会越深入,学习效果就会越好。所以在学习资源建设过程中,教师一定要对教学信息描述尽量准确,同时,教学材料的选取要适合学生个性化学习的特点。高校师范生可以在教学策略的制定和教学实践过程中选择合适的助学方式,设计助学活动来改变传统的教学方式,提高高校师范生的学习过程设计能力。

第二节　移动学习的评价设计

相比在线学习,移动学习在技术手段上更为先进强大,精密而且复杂,在教学实践中的应用形式也更加丰富多样。十多年的移动学习教学实验和应用实践表明:正式的、固定的、传统的学习方式使用的评价手段并不能完全适应移动学习,其有效性受到质疑。另外,移动学习与在线学习之间的差异使得在线学习的评价技术在移动学习中也不能完全适用。因此,在培养师范生的过程中,应注意这一方面的内容。

一、移动学习中的评价活动

所谓评价,就是根据一定的价值观对事物做出评判。在教育实践中,评价是一种常见的活动,评价的对象可以有很多,包括学习方式、教学资源、学习过程、学习效果、教学活动,等等。

从实际操作层面上看,学习评价是把教学系统从学习者身上获得的关于学习的各类信息与某个评价标准进行比较,做出价值判断和决策的过程。对学习者的学习过程和学习结果进行评价时,需要通过某种方式获取用于评价的原始数据,比较常见的有练习、作业和测试,这类评价可以量化地测量和表述学习的结果,即分数或等级。除了量化评价以外,还可以通过观察、调查等非量化手段了解学习者的学习情况。学习评价不仅能够度量学习成果,而且还能用于了解学习者的知识、技能和能力等方面的情况。

近年来,移动学习成为一种趋势,对于移动学习评价的研究也逐渐引起了人们的重视。根据评价对象的不同,移动学习评价可以分为移动学习资源的评价和移动学习活动的评价。前者是对移动学习中某门课程的内容和实施该课程的教学活动进行的判断，侧重于对教学内容、学习资源和寓于内容之中的教学策略和学习策略的评价，面向的是教学材料和教学设计；后者是移动学习中对学生学习活动和学习成果的评价，面向的是学习者个体和学习者群体。评价目标不同，对评价对象采取评价的类别也不同，移动学习教学评价指标和要素的选择也不尽相同。

二、移动学习中评价活动的意义和作用

除了通过评价活动测量学习者的学习成果和绩效这个最基本的功能以外，移动学习中评价活动还起到了以下作用：

（一）收集学习者的数据，构建学习者模型

对学习者自身的理解是一切智能化学习系统提供个性化服务的依据。学习者模型的优劣、学习者的特征是否正确决定了后期服务质量的高低。移动学习系统一般会通过学习发生前的前测，以及学习过程总的评价活动收集数据，构建出基本的学习者模型，并逐步完善和精确。

（二）监控学生的学习行为和学习活动

智能化的移动学习系统需要收集非常多的基础数据，而评价活动是这类数据的主要来源。通过对学生学习的跟踪、各种反馈数据的收集，可以帮助系统精确把控学习者的学习状态，为智能化的学习指导、学习内容推荐以及学习活动安排提供依据，不断地推进学习进程。

（三）给予即时的反馈和指导，并促进学习者调节学习行为

移动终端的实质是一台微型的电脑，本身具有一定的计算能力，并通过软件可实现基本的智能操作。同时，及时的反馈也有利于学习者高水平学习动机的维持。

（四）向学习者个人和教师提供全面综合的评估数据

利用移动终端的感知、计算和存储功能收集学生在学习过程中产生的各种数据，得到的数据的类型和数量较传统评价方式有显著改善，以往面授学习和在线学习无法记录的数据或无法精确度量的活动在移动学习中都已经逐步成为可能。移动终端和云端的服务器可以把学习过程和学习结果中的各种信息分析整理后加以评价，再以各种形式反馈给用户。

三、移动学习评价流程

评价移动学习，特别是带有随机发生、非正式学习特征的移动学习活动需要一个综合、全面、标准化的评价框架。

每个阶段的具体内容和注意事项如下：

（一）学习开始前的准备阶段

在开始移动学习评价之前，首先要做好环境测试、学习者分析以及评价方案设计三方面的准备工作。

①对移动学习环境和相关使用设备进行测试。在移动场景中学习，要保证设备可以正常连接网络，以便学习者无缝地从服务器获取更多的资源；还要保障设备能正常使用，防止学习者在学习过程中由于技术问题造成学习中断或体验较差，最终影响评价活动。

②对学习者进行分析。在评价之前，评价者应该了解学习者的特征、已具备的知识能力、使用移动设备的熟练程度等。通过对学习者的全面分析可以预先估计将要开展的学习活动是否能够促进有意义的学习，如果存在明显不适合学习者的设计，要及时调整实施方案。

③确定在学习的不同阶段采用的评价工具和评价方法。常见的方法有问卷调查法、观察法、视频记录法、访谈法等。除了对学习能力、已有学习水平的测量外，在正式实施移动学习之前，一般要用前测来了解学习者已具备的知识技能，通过问卷调查收集学习者的态度和情感方面的信息。

（二）在学习过程中收集评价信息

在移动学习中,为了使评价更全面、具体、精确,应全面收集学习者各方面的信息。收集方法在准备阶段确定的评价方案中就已经预先拟订。收集信息时,应该充分利用移动便携设备自身的功能。

此外,在移动学习活动结束后,通过量表、问卷也可以收集移动学习前后,学习者在情感、态度等非智力因素方面的变化;通过对学习者个别化的深度访谈,了解学习者在移动环境下学习遇到的问题,以及学习活动中的主观体验。

（三）分析评价信息

在这一阶段,首先要对收集的全部信息进行筛选,排除干扰信息和无用信息,既可以通过人工的方式,也可以通过电脑程序自动化地分析数据。当然,对于大多数的研究项目,在研究之初尚未形成成熟的模型和固定的规则,所以主要依靠研究者的经验分析和判断,计算机只承担少量的辅助工具的功能,帮助评价者完成筛选工作。

（四）根据评价结果给予反馈

在反馈阶段,评价者应该把与学习者相关的分析结果及时反馈给学习者。例如,学习者对哪些知识掌握得很熟练,对哪些知识还没有完全掌握,是否应该针对某个问题与同伴交流,是否可以充分利用移动设备增进自己的学习等。这些信息对学习情况的诊断和提高学习者的绩效非常重要。学习者会根据他们所获得的反馈信息,在教师或是教学系统的指导下有针对性地弥补自己的不足之处或是调整学习策略。

（五）后续阶段,总结和迭代优化

后继阶段的主要工作是对整个移动学习活动进行总结。一般包括对整个项目实施结果的描述,分析移动学习的设备和技术对参与者的学习产生的影响,以及下一阶段可能的方案调整。

四、教学评价设计实例

通过手机实现线上线下结合的教与学已经成为课堂改革的主流。近两年,一款名为"蓝墨云班课"的移动学习 App 在教育类 App 中活跃度很高,并且下载趋势成上升状态。

蓝墨云班课的平台上,学习者的一切活动都能以经验值的形式被记录,教学者能通过学习者的经验值分布直接看到学习者在课程的学习中的所有表现,为学习者进行形成性评价提供了数据支撑。平台还能根据每个学生在线学习表现自动排名,生成个人学习报告。教师在进行期末总结性评价时将学生的过程性表现统计入总分,提高过程性评价所占比例,在本课程中,学习者过程性评价占总成绩的 60%。这种评价方式在课程之初就告知学生,调动了每位学生移动学习的积极性,同时,积极的学习者也是完成深度学习的必要保障之一。在评价学生最终作品时,借鉴 SOLO 分类理论设计评价量表,透过学生微课作品来判断学生所处的层级深度。

第三节　移动学习资源的开发

由于移动设备在硬件架构、性能等方面和以前的 PC 机有很大的区别,原有的网络教学资源在新移动设备上绝大部分不再适用,目前基于新型移动设备的学习资源相对匮乏,如何设计和开发实用有效的移动学习资源已经成为移动学习研究的方向之一,在此对其进行简要介绍。

移动学习资源是移动学习的基础。广义的学习资源包括能帮助个人有效学习的任何东西,包括教学材料、支持系统与学习环境等。结合移动学习的特性,移动学习资源应该是经过数字化处理的,可通过无线网络在移动设备浏览访问对学习有促进作用的学习材料,它的设计与开发应该具有以下特点:

一、以学习主题作为开发的中心

移动学习作为泛在学习的一种形式，有着碎片式学习的特点，要把学习者零碎的时间吸引到学习资源上来，移动学习资源必须具有明确的学习主题，能够激发学习者学习的动力。主题式学习资源可以帮助学习者理解知识基本原理，掌握知识迁移路径，运用主题知识解决实际生活问题。移动学习资源开发的核心也同样应该是学习主题，围绕学习主题结构化学习资源，充分体现事物之间意义联结的方式、秩序、状态等，应具有"序列性"和"探究性"的特点。"序列性"是对资源划分序列的过程，能让学习者充分了解学习内容的相关结构。"探究性"能激发学习者的学习兴趣，让学习者主动探究并建立自己的知识体系。

二、以资源融合作为开发的重点

移动学习作为一种新型的学习方式，移动智能设备是其硬件基础，移动学习资源必须从移动设备的架构出发，以资源融合作为开发的重点。这里，资源融合包含三个层面的含义。首先是资源与移动设备融合，要针对移动设备的特性来设计移动学习资源，提供良好的移动学习体验，方便用户操作。其次是资源的种类融合，针对不同种类数字化资源进行加工、处理和合成，使资源在移动设备上更好地拓展和升华学习内容。数字化学习资源由文本、声音、动画、视频等不同种类的媒体组成，每类数字媒体在知识的表现形式上是不一样的，在构建移动学习资源时，恰当的媒体资源引用有利于知识的构建，提高我们理解事物和解决问题的能力。最后是资源的学科融合，资源的学科融合是指将资源固有的物理、化学、社会等学科界限打破，直接以学习主题为中心构建资源，资源内容在学科间相互渗透和交叉。资源的学科融合同样能激发学习的兴趣，有利于多元文化和知识经济时代背景下学生能力的培养，拓展学生的学习视野。

三、以知识联通为开发的目标

学习是透过教授或体验而获得知识、技术、态度或价值的过程，移动设备具备的触摸技术、动力感应技术等特性能给学习者提供一种新的学习体验,好的移动学习资源应该能让学习者通过这种新的学习体验轻松获得知识。节点是形成一个网络的外部实体,节点可能是人、群体、图书馆、书籍、数据库或者任何其他信息资源。学习的行为之一就是创建外部网络节点,并在此过程中形成信息和信息源。如何引用相关资源,帮助学习者创造和联通新知识是学习资源建设的一个要点。学习者个体间的差异会导致学习者对教育资源不同的需求,教师在创建移动教育资源时,需要了解学习者本身知识的结构现状,要充分考虑到知识的各个节点之间的联系,进行必要的扩展,满足学习者的个性化需求,从而引导学习者创造和联通新知识。

第七章　移动学习的应用领域及典型案例

　　随着移动网络技术的不断发展,移动学习的应用范围也在不断扩大,移动学习的应用领域已经涉及社会的各个层面,将移动学习应用分为三大领域,分别是不同教育学段领域、具体学习领域以及社会领域。其中,不同教育学段领域探讨的是移动学习在中小学教育、高等教育中的应用;具体学习领域主要包括移动学习在语言学习领域、非正式学习和终身学习领域中的应用;社会领域包括职业培训、博物馆、医疗、导游等众多领域。本章从幼儿教育、中小学教育、高等教育、师范生教育等维度展开讨论,介绍了移动学习在这些领域中的应用,并结合典型案例分析和讨论它的特点。

第一节 移动学习在幼儿教育中的应用

幼儿指的是学龄前儿童,即 7 岁前的儿童。根据 Jean Piaget 的认知发展理论,幼儿主要处于感知运动阶段(0～2岁)和前运算阶段(2～7岁)。在这两个阶段,幼儿在学习上表现出一些有别于其他年龄阶段的独特特点:学习内容主要关注符号和表象;在认识事物上以自我为中心;思维表现出不可逆性;往往只注重结果与状态,忽略变化的过程,但是可以意识到事物的因果关系。

移动设备作为新媒体为幼儿创造了一个集文字、色彩、听觉、动画于一体的综合信息平台,超越了静态文本和图片的传统教育媒体。移动设备具有传统媒体所不具备的丰富交互方式,它更加符合处于感知运动和具体形象思维阶段的幼儿思维方式和认知特点,有效地激发了幼儿探索和学习的兴趣。对苹果公司的 APP Store 软件商店和谷歌公司的 Google Play 软件商店进行调查发现,目前国内基于移动设备(含平板电脑和手机)的幼儿教育软件主要可分为以下几类:语言类(英语和汉字);数学类(数字及算术);物体和概念的学习(图形、图片识别);基本生活技能学习,如学习认识钟表;文化、艺术素养类,如三字经、音乐、美术;交互式电子书,有声书;游戏。

下面我们将以三个案例分析移动学习在幼儿教育中的应用。

一、Shapes Toddler Preschool

Shapes Toddler Preschool（STP）[①] 是由 Toddler Teasers 公司开发的幼儿学习软件。该软件基于 iOS 开发,可在 iPhone、iPod Touch、iPod

---

① 本案例源于 Toddler Teasers, "Shapes Toddler Preschool," htp:itunes.. apple.com/us/app/toddler-teasers-shapes/id303153532？ mt =8；accessed 22 December 2014.

上使用,学习内容包括形状、颜色、数字和字母等,且具有完整易用的使用向导,幼儿在玩耍和学习的过程中不需要额外帮助。

该应用设计了丰富多彩的活动形式,同时提供了有趣的奖励以积极强化学习结果。父母可以自定义游戏难度,小至 2 岁多的孩子,在其能够自己操作 iPhone 玩耍时,就可以开始使用 Toddler Teasers。

该应用设置了问答小测验、识字卡片、玩具箱和益智游戏四类有趣的项目激发幼儿的学习兴趣;采用简单、多彩的游戏设计有利于幼儿注意力的保持;简单的游戏设计符合幼儿年龄特征,能够较为轻松地完成。该应用含有多样的学习内容,包含 30 个种类、1000 多个对象,涉及形状、颜色、数字、字母、动物、昆虫、食品、交通运输工具、树木、花草等。

二、Preschool Magic of Learning

Preschool Magic of Learning[①] 是由 Knowledge Adventure 公司开发的一款幼儿教育软件,隶属于该公司的 JumpStart 品牌。该应用要求安装在 iOS4.3 或更高版本的 iPhone 及 iPad 上,主要针对 4 岁以上的幼儿。Preschool Magic of Learning 提供了一个神奇的大冒险活动场景,使幼儿感受到学习的乐趣。该应用共设计了 15 个小游戏,教授幼儿 10 多种和数学相关的技能。例如,在"疯狂农场"游戏中,幼儿在母牛的帮助下认识大小写字母;在"昆虫捕手"游戏中,幼儿通过收集蠕动的生物学习颜色、形状、数字识别和计数;在"礼物搜索"游戏中,幼儿按照指示,并细心聆听提示,寻找藏在可爱宠物后边的神秘礼物;在拼图游戏中,幼儿用拼图组成字母或者有趣的艺术图片。该应用大胆的色彩能够吸引幼儿的注意力,并激发幼儿的学习兴趣,简单的操作界面和学习内容设计较为契合幼儿的认知发展水平。

三、瑞豆平板电脑课堂

"瑞豆"是国内较早开发儿童幼教软件的软件公司之一,该公司在苹果商店 APP Store 和 Android 平台上已经发布了近百款儿童幼教应用

---

① 本案例源于 Knowledge Adventure, "JumpStart Preschool Magic of Learning," http://itunes.apple.com/cn/app/jumpstart-preschool-magic/id395058540? mt=8; accessed 22 December 2014.

软件,包括"经典儿歌必备""瑞豆儿童剧场"以及"幼儿卡拉 OK"等,在幼儿教育应用领域拥有较好的口碑。2011 年,该公司研发了"瑞豆平板电脑课堂"软件,打破了传统的教学方式,以平板电脑为教学媒体,通过探索交互的趣味课程,实现了自主学习、探究学习、个性化学习的创新教育模式。该软件针对 5 ～ 6 岁幼儿推出"全脑竞争力开发"课程,旨在发掘幼儿的核心竞争力,培养幼儿独立解决问题的能力。全套课程涉及数学和语文两个学科,涵盖集合关系、序列关系、时空关系、守恒关系、语音辨识、语言组织、自主阅读、经典朗诵八个方面的内容,全面培养幼儿抽象思维和有效沟通的意识。目前,瑞豆在北京、成都等地进行平板电脑互动课堂的推广,并进入幼儿园课堂,为大班幼儿提供个性化的教学服务,深受幼儿的喜爱。

瑞豆和北京师范大学合作,在幼儿的数学学习领域开展了平板电脑教学的实验研究,采用实验法和观察法对平板电脑教学效果进行了分析实验。根据幼儿园数学教育领域的教学目标,以及小班幼儿应掌握的数学领域的知识点,即计数、大小排序、配对、规律和图形,进行平板电脑新媒体的教学实验。研究对象为小班 3 ～ 4 岁的幼儿,分别进行平板电脑实验组与传统教学对照组的教学,在完成教学一周后进行测验。研究结果显示:平板电脑教学能够有效地提高幼儿园数学教学的效果,有助于提高幼儿的学习成绩,尤其对女幼童的数学能力提高具有显著效果。移动学习能够整合多媒体信息资源,激发幼儿的探索兴趣;能够提供交互学习环节,促进幼儿动手能力以及智力的发展;能够将课程标准化、管理自动化,减轻教师的负担。

面向幼儿和儿童的学前教育有一定的特殊性,考虑到幼儿在认知发展上的特点,以及幼儿教育开展的各种条件,针对幼儿的移动学习在设计上需要做特别的设计。譬如,通过游戏化的形式,激发幼儿的学习兴趣。在软件界面上,通过使用丰富的色彩及卡通化的形象,提供多种方式的互动,促进幼儿注意力的保持。在教学内容设置上,主要围绕"启蒙"展开,内容一是要广、博、浅,二是和幼儿的生活相关。此外,还要尽量降低幼儿操作软件时对成人的依赖。

需要注意的是,并非所有研究者对于移动学习在学前阶段的应用持完全肯定的态度。一是幼儿园教师对幼儿使用平板电脑持中度负向的态度。教师普遍认为,幼儿使用平板电脑有高度潜藏危机,感到高度焦虑,并高度担心幼儿会产生负面行为表现。二是教师对幼儿使用平板电脑的态度会因任教班别、每周使用电脑时数及家中平板电脑数量而有差异。三是教师对将平板电脑作为资讯融入教学辅助工具倾向于中度正向的态度。四是教师对将平板电脑作为资讯融入教学辅助工具的态度会因接触电脑年资及使用平板电脑资讯能力而有差异。

第二节　移动学习在中小学教育中的应用

　　本着以学习者为中心的思想,引导学习者进行参与式学习,真正实现学习的个性化。移动学习应用的方式有:手机进入课堂、电子书包、诺亚舟"掌上思维英语"与"英语教学"等。国外有学者设计和开发了一种主要适用于 4 ~ 6 岁儿童的 Belajar Bersama Dino 移动学习应用程序,该程序通过跟踪应用程序中集成的 26 个不同内容,帮助用户了解基本字母和拼写,用户可以随时随地沉浸在学习环境中;有学者研究了移动学习在初中英语中的应用,研究发现不仅能为学生从个体学习转向合作学习提供一条可行的途径,而且也能增强学生的学习信心,激发学生学习外语的兴趣,变被动学习为主动学习。

　　早在 2005 年左右,美国斯坦福大学的拉里·库班(Larry Cuban)教授就提出:教室里的电脑配备过剩并且没有得到充分利用。iPad 之类的平板电脑在教室内广泛使用可能会扭转这一现象,成为真正用于支持学生课堂学习的设备。

　　珠海国际学校(ZIS)成立于 2007 年,是一所获得国际文凭认证(IB)的国际化学校,为珠海及周边国际社区提供优质的教育服务。该校的国际教师来自以英语为母语的国家,主要用英语授课,并且在教育信息技术的应用方面走在前沿。ZIS 在大规模推广 iPad 前,做了广泛的调查和了解,以确认师生在教学中使用平板电脑的需求,以及教师将如何辅导和教会学生使用该技术。教师确认学生需要使用的学习软件后,会为每个学生的设备安装和配置相同的应用程序。

　　iPad 在 ZIS 使用的场景之一就是作为学生表达自己思想的工具。iPad 上有一些功能突出、使用方便的优秀应用可供用户创造和表达思想。师生可使用 Explain Everything, 还有 MyStory、iMovie、Animation Creator HD、Google Earth、Book Creator、Show Me、Brushes、Comic Life 等软件制作作品,用于表达自己对某一主题的见解。例如,在一个让学生表达"系统"这个概念的教学案例中他们是这么做的:首先,学生画出了人们怎样找出图书馆中书籍的相关图片,并且在指导教师的帮助下,在 Explain Everything 应用中插入这些图片。然后,学生在自己画的书架、柜台、在家里的书以及还书的过程中加入箭头,形成流程图。几分钟后,学生坐在一个安静的角落,按下录制按钮,解释每张图片的意思。整个教学过程如图 7-1 所示。

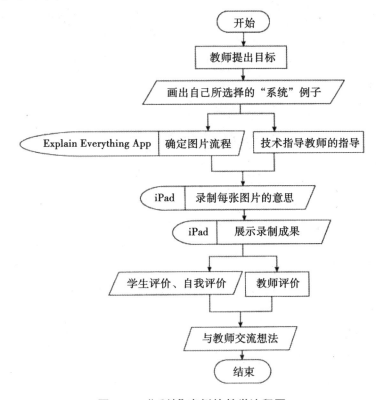

图 7-1 "系统"案例的教学流程图

在以上案例中采用 iPad 而非纸和笔作为教学工具,体现出它的独特优势,这是一种有效的自我表达工具,有利于学习者潜力的发挥。该校二年级教师 Sam Ross 描述学生在学习中的表现时说:在这时刻,真正看到了学习者的潜力,"孩子们可以口头表达自己心里的想法"。在听学生们的录音时,可以发现这种看图说话的效果是很惊人的,甚至使在课堂上不经常提问和回答问题的学生在接受采访或者录制时也可以真正投入学习活动当中,全神贯注地执行学习任务。更令人意想不到的是,在听自己的录音时,孩子们表现出兴奋的神情,并且能够与教师深入交流自己的想法。

除此以外,平板电脑的使用还有利于学习过程和结果的可视化。在珠海国际学校,每名学生都有博客,对于年幼的学生,由教师保留他们的数字化作品,教师、家长和学生可以通过这些作品回顾具体的学习任务和学习成果,并且能够看到学生在长期学习过程中的进步。例如,一位教师展示了一名五年级学生记录自己学习任务的博客,记录了她帮助和辅导一个一年级学生的过程,而另一名四年级的学生则记录了自己体操训练和表演的照片。珠海国际学校的教师认为,通过这样的工具支持,学生可以看到自己做得怎么样,并决定如何改善自己的学习活动。

第三节　移动学习在高等教育中的应用

随着移动通信技术的发展和移动设备的普及,高等教育已经成为移动学习应用的主要领域。相关调查发现,使用移动设备最多的用户群体是年龄为 18 ~ 29 岁的人,科布斯(Kobus)等(2013)在一项调查中指出,96% 的学生至少拥有其中一台移动 IT 设备(即笔记本电脑、平板电脑或智能手机)。埃文斯(Evans)(2008)以博客的形式对移动学习在高等教育本科生教学中的有效性进行了研究。相对于传统的讲座或教科书,使用博客学习可以不受时间、地点的约束,学生更愿意接受博客形式的学习材料。阿尔·法哈德(Al-Fahad)(2009)研究了移动学习在大学学习和教学环境中的应用,目的是更好地了解和衡量大学生对移动学习有效性的态度和看法。哈吉斯(Hargis)等(2014)运用 SWOT 分析方法,分析了大学教师对 iPad 应用于教学的看法,结果显示,移动技术应用于教学有助于教师提升自己的专业能力,促进教学方法的多样化。在移动学习系统的设计和开发方面,有学者利用 Java 编程语言设计和开发了移动学习应用程序,帮助学生开展网络课程学习,学生可以随时随地以自己的速度进行学习,该程序旨在弥补现有的传统课堂和数字化学习系统的不足。桑德伯格(Sandberg)等(2014)将移动学习系统与游戏结合,开展了一项关于游戏融合于移动学习应用的智能适应性学习研究。

一、概述

(一)高等教育中的移动学习体验

移动学习(uMobile)(http://www.jasig.org/umobile)是康耐尔大学、索邦大学、耶鲁大学和其他大学在 2007 年制订的一个开源计划。该计划将校园应用、内容和数据迁移到移动设备中,包括通用操作系统中的应用(智能手机应用)以及基于浏览器的内容。初始模块包括校园地图、目录、公告、搜索、课程、校园新闻和日历。

(二)Blackboard 公司的移动学习应用

目前,大型软件企业正在为高等教育领域开发移动应用。人们普遍认为未来高等教育领域中会广泛使用这些应用,就像人们使用移动设备中的其他应用一样。

基纳什(Kinash),普兰德(Brand)和马修(Mathew)(2011)研究了澳大利亚邦德大学使用的 Blackboard 公司的移动学习应用。该应用是一个可以在 iPad、iPhone 和其他智能手机上运行的应用。当大学一旦启用这一应用之后,学生就可以在移动设备中输入用户名和密码,访问主题网站,在论坛上留言,提交作业,获取信息和使用通信工具。

对参加两个学期(2010 年下学期和 2011 年上学期)移动学习的135 名学生的研究结果显示,对于"iPad 改善学习"的观点,51% 的学生既不赞成也不反对。在明确表达立场的学生中,赞成的学生比例要略高一些,26% 的学生表示赞成,1% 的学生强烈赞成,而只有 20% 的学生表示反对,1% 的学生表示强烈反对,1% 的学生选择"不适用"。在"iPad激励我学习"的看法方面,42% 的学生表示赞成,32% 的学生表示中立,既不赞成也不反对,18% 的学生反对,3% 的学生强烈反对,5% 的学生强烈赞成。Brand 等人得出的结论是"应鼓励教育工作者在教学实践中采用移动学习,从而提高高等教育的教学质量"。

（三）加拿大瑞尔森大学的移动学习应用

威尔逊（Wilson）和麦卡锡（McCarthy）（2010）给出瑞尔森（Ryerson）大学（位于加拿大多伦多市）图书馆为学生创建移动应用的例子,展示了图书馆服务如何适用于移动环境,以及图书馆如何在更大范围的校园移动计划中发挥作用。该大学为了保持图书馆与服务的关联性,特别强调图书馆的服务要适应新的环境。

（四）马来西亚开放大学

莉姆（Lim）,法斯（Fadzill）和曼苏（Mansor）（2011）以马来西亚开放大学通过短信服务（Short Message Service, SMS）计划成功实施移动学习为例,介绍了大学如何为本科远程学习者提供混合式学习的方法。这一试点项目周期从 2009 年 5 月开始实施至 2011 年 1 月,已是第六个连续的学期。SMS 计划让校内学习者可以接触到传统交流空间之外的学习者,并帮助学习者与大学、同学与导师之间相连。

（五）浙江师范大学

在大学,手机进课堂让教师们头疼不已。大学生们在课堂上并不总是专心听讲,而是发微信、玩游戏、上微博……成为课堂上的"低头族"。据《钱江晚报》报道,浙江师范大学的教师们想出了个高招,用手机来辅助课堂教学,把学生手中的手机变成教具,取得了比较好的效果。在研究生的教育技术课上,黄立新教授使用 Explain Everything 软件实现了随堂评教、测试和提问。上课前,学生把各自的方案设计发送至小组。而在上课时,教师通过手机连接上大屏幕,然后点评方案,讨论时直接用手机把重点内容标识出来。学生参与到课堂应答、展示和分析的活动中以后,和教师互动的主动性自然提高了。在该校音乐学院的和声课上也用到手机参与教学。同学们用手机拍下黑板上详细的和声分析结果,还用手机播放音乐查看学习视频。在没有伴奏时,还能用节奏软件打节拍。据悉,浙江师范大学还为全校师范生开设为期 6 周的教育技术实验课程,开展手机屏幕无线投影显示等 8 个实验,教会未来的教师如何灵活运用数字教学技术。

（六）在使用移动技术方面最有创意的七所高等教育机构

马奎斯（Marquis）和里瓦斯（Rivas）（2012）调研多所私立和公立大学目前的移动技术使用情况,并参考了全球各地的经验,认为如下七所高等教育机构在使用移动技术方面最有创意。

（1）美国的艾柏林基督大学实施了多项计划,将移动设备用于教室情境,包括化学教授辛西娅·鲍威尔（Cynthia Powell）和奥顿·萨瑟林（Autumn Sutherlin）博士制作播客,以及综合性研究学生对技术的使用情况。另外,鲍威尔（Powell）教授还是移动增强探究性学习（http://www.meibl.org/）的创办者。移动增强探究性学习是一个混合式学习策略,旨在解决基于探究性的学习问题,以及专注于 STEM 领域（科学、技术、工程学和数学类别）的移动应用。

（2）加拿大渥太华大学的双语应用 uoMobile,向学生提供利用移动设备访问主页上的常用部分的服务和访问个人日程或分数的服务。

（3）孟加拉开放大学是一所远程教育机构,该大学使用短信服务与电视和广播混合等方法,提供多媒体学习体验,增加学生的参与度。

（4）美国东北社区学院的新闻学院使用无线技术让学习者与从业者进行面对面的交流,目的是讨论目前的职业环境,以及如何适应数字时代。

（5）美国普渡大学创建了 Hotseat,这是一个有社交网络的 Web 应用,该应用是提供一个合作教室,让学生在学习过程中做出接近实时的反馈,教授根据反馈调整课程内容,改善学生学习体验。学生可以使用 Facebook 或推特账户向 Hotseat 发送信息,或者登录 Hotseat 网站。

（6）美国密西根大学的移动应用中心提供了一个移动开发人员工具箱,目的是鼓励学生、教师和员工为学校社区开发和传播有用的移动应用。

（7）美国西顿霍尔（Seton Hall）大学在 2010 年向每位全日制学生和教师配发了一台 iPad,这是首次有高等教育机构采取类似措施。设备提供的移动应用（如 Reeves Momorial iLibrary）可以让学生通过移动方式访问图书馆目录。

二、mUOC：移动、多媒体和多设备

位于西班牙巴塞罗那的加泰罗尼亚开放大学（The Open University of Cataloria，UOC）创办于 1994 年，是加泰罗尼亚教育体系中的一所远程大学。在 2012—2013 学年，大约有 62000 名远程学生参加了 15 个本科课程和 16 个博士课程的学习。从创立之初，UOC 便使用信息和通信技术（Information and Communication Technology，ICT）作为学生和教师在教学过程中进行互动的基础。其目的是帮助学生实现学习需求，并不受时间和空间的限制而获取知识。因此，学生和教师无须在同一时间、同一地点进行学习活动。

本科课程学生的主要特点：大部分参与过大学学习或者拥有学位、年龄为 26 ～ 35 岁（53.8%）的成人学生（Sutherland，1999）；85% 的学生拥有全职工作；55% 的学生需承担家庭责任。

UOC 教师主要是学术人员（上学期为 2865 人），这些人同时也是其他大学或高中的全职员工，或者（一小部分）是商业人士。从创办之初，UOC 便在教学数字能力的获取、在机构和教育行业的应用中起着催化作用。加泰罗尼亚政府采用的这种有效方式可以促进在加泰罗尼亚教育体系中技能的获取和数字技术的使用。

20 世纪 90 年代中期，当这所大学创办之初时，学生需要将台式计算机与网络相连才能进行学习。这对于西班牙市民而言是一个阻碍，因为在 3900 万人中，只有 20 万人拥有互联网入口。然而克服这一阻碍比人们想象得更简单和快速，电子学习可以提供 24 小时的资源访问服务，人们无须在校园内进行学习。

在智能手机和平板电脑兴起之后，移动技术帮助 UOC 提升了教学质量并对社会产生了影响。平板电脑和智能手机为支撑新的教育环境带来了新的可能性，这是台式机无法实现的。移动学习让学习者可以在任何地点访问学习资源，拥有强大的搜索能力（即 GPS 定位）和丰富的用户互动，扩展了电子学习的概念。利用这些移动设备，学生和教师可以在上下班或出行途中学习，在等候时间查阅邮件，扩大了传统的学习时间和空间。每个设备就其本质都可以用于特定的活动："我希望检查"（通过电话），"我希望沉浸"（通过平板电脑），"我希望管理"（通过电脑）。Hss（2012）指出真实情境（位置）与预期情境（预期用途）的差异，他认

为自己是"位置不可知信仰者",不会将设备与用途关联。客观情境向主观情境的转变使重塑未来不同设备之间所设计的体验方式更好地支持用户目标,完全仿造模拟工具融入真实空间。

总而言之,综合使用这三种设备更有可能提供最佳的学习过程。因此,不应把移动学习视为计算机学习的副本,而应当视为一种补充、一个新的层次,即为教与学增加的新机遇。

UOC 的移动学习战略通过 mUOC 项目而开展。mUOC 项目的目的是促进和传播移动设备的使用,把移动设备当作教学过程的创新和有效元素,以及普通计算机的补充。2013 年 1 月,94% 的学生拥有笔记本电脑,76% 的学生拥有平板电脑,45% 的学生拥有电子书阅读器。其实,自 2009 年起学生已可以在虚拟教室使用 kindle 电子书阅读器、电子出版物、音频书和其他格式的文件(尽管有 90% 的人还在使用 PDF 文档,80% 的人使用纸质书)。

因此,UOC 项目目标是重塑学习活动的设计过程,并整合最合适的学习资源。目前,大部分的学习资料为纸质,并通过物流方式分发。如果 UOC 项目取得成功,那么在不久的将来,学生就会找到其他支持方式作为更适合的学习路径。为达到项目目标,UOC 项目一方面是向学生和教师介绍如何使用这些设备完成教学任务。mUOC 项目创造了一个社交虚拟平台,供学生分享学习经验并支持学生与教师之间的相互学习。另一方面是制作更多的多媒体内容,因为多媒体内容被视为移动设备的理想学习资源格式。由此,该项目于 2012 年 10 月创建了"多媒体实验室",让教师们可以轻松地制作和编辑视频。教师们可以获得学习与视听支持服务、用于培训的视频教程等方面的支持,这些支持确保教师可以获得自主开发多媒体项目必要的能力。

作为 mUOC 项目的一个补充,学校还开发了 OpenApps 平台,用于收集并提供大学内所有最佳教学实践、教学经验技术以及技术解决方案。例如,LiveScribe(http://www.livescribe.com)视频用于展示关于教学的最佳实践,也有其他例子展示了如何制作视频,视频主题包括"如何提升口语能力""如何学习外语"等。最后需要指出,在电子学习过程中的一个关键问题是,当广泛利用移动性、多媒体和多设备时,所有学习资源必须与学习计划紧密相连。学习计划应当以学生活动为中心,教师的角色应当是学习促进者,而不应是内容的分发者。

本节将介绍促进和丰富教学任务的移动技术应用和使用模式。之前提到，UOC 设置了一个网络空间，学术人员可以在此分享如何使用移动设备的经验和实践。由于学校特别关注多媒体内容的移动性能，如使用移动设备拍摄照片，录制和播放视频，并使用移动应用进行编辑和修改等，因此，让教师使用这些新的样式与学生互动，并通过多种渠道发布内容（如 YouTube、iTunesU、开放课件等）。UOC 提供了一个应用，可以从平板电脑创建教育视频，这些视频类似于"可汗学院"（http：//www.khanacademy.org/）提供的视频教程。

mUOC 是 UOC 的移动学习方式，通过移动设备提供最适合小屏幕设备和移动情境的功能和应用。因此，UOC 项目也包含一些应用的开发（在需要时开发），这些应用可以为学与教工作提供支持。以下经验用于满足 mUOC 概念下（移动、多设备和多媒体）特殊用户的需求。通过遵守以用户为中心的设计过程，学校可以了解学生的学习方法、期望值、需求和局限。这些都有助于我们选择和设计最能提升学生学习体验的解决方案。

值得一提的是，UOC 设计的应用并不是解决问题的唯一有关的方法。事实上，在应用市场，有大量的第三方应用可供学生和教师改善学与教。这些应用包括：让学生获取学习资料和共享笔记的阅读器，使用触控笔记录和记笔记的应用，用于视频编辑和创作的应用，与特定主题相关的严肃游戏、模拟器、管理应用、Dropbox（http：//www.dropbox.com）和印象笔记（http：//www.evernote.com）等存储服务应用以及计算器、词典等应用。

每位学生和教师都有自己的特殊需求、使用的设备和使用情境。这意味着一系列应用应是易于寻找和选择的，因此 UOC 创建了前文提过的移动学习社交网站（http：//mlearning.uoc.edu），该网站是一个虚拟空间，学生和教师可以在这里分享喜好、经验和建议。网站的目标是提供一个按照设备、情境以及学与教行动进行分类的学习应用市场，用户可以利用该网站为各种设备选择最佳的应用进行学与教的活动。

简而言之，UOC 的移动学习是一个基于用户研究而进行的工作，可以发现、设计和开发满足学生和教师需求的应用，并在真实的环境中使用通过对这些体验的评估，我们不断地改善和增强用户在移动、多媒体和多设备方面的体验。除了这些移动学习应用之外，UOC 针对学与教还实施了多个项目提升移动体验,包括移动校园、contents44Pad、用于网页邮件的移动 UOC 应用。

（1）学习资料的多种格式。2004 年,我们开展了一个用户研究,了解学生如何使用学习材料。在研究中发现,学生会根据学习目标采取不同的方法。根据这一研究结果,我们启动了一个名为 Multiformat 的项目。目标是为学生提供多种格式的学习资料。我们使用独特的 XML 文件制作文本、语音和视频格式,这样,用户在上下班途中可以收听语音,具有视力障碍的用户可以使用辅助设备,学生可以在电脑上查询 PDF 文件中单词的含义。多格式适合用户的需求、目标和设备,可以在不同的环境中提供增强学习体验。

（2）教室提醒应用。UOC 大部分学生需要全职工作,他们要照顾家庭成员,还要面临长时间的上下班路途,这些因素增加了他们对学习状况的压力。因此,通过教室提醒可以查看教室使用情况,让学生随时随地了解最新情况。我们利用情境化查询技术进行了一项内部研究,研究对象为上下班途中的七名学生。研究结果显示,查看提醒可以减少学生的学习负担带来的压力。

（3）Guixa。一个如何提供电子反馈的项目(即如何使用音频和视频反馈来增强学习体验和学生成绩的项目)让我们开始了另外一个名为 Video Skills 的项目。该项目的想法是给教师们一种简便的方法去制作、记录和发布视频,这些视频是对学习难点进行的阐释,用于辅助教室教学。通过考虑上述因素,我们分析现有的应用,开发了一个名为 Guixa 的新应用(Guixa 在加泰罗尼亚语中的意思是"画画")。这个应用可以让教师在电子白板上写字的同时记录语音。

（4）iPAC。为了改善学生的学习体验,我们做了大量工作来改进教学工具。通过减少固定任务所用的时间,并提供更好的教室工具,可增加教师为学生提供真正教学的时间。为了实现这一目标,我们开发了一个 iPhone 应用,使用该应用可以下载和上传所有的学生作业,并对 PDF 文件进行注释,类似修改论文。根据我们对用户的研究发现,教师依然喜欢在打印出来的纸质文件上进行批改。只是,这样学生便无法看到这些批改内容。使用 iPAC 应用,教师无须在计算机屏幕上进行修改,而学生也可以获得反馈信息。

（5）投票和小测验。除了在移动情境中(如上下班途中)浏览和阅读学习资料之外,学生还可以获得所学知识的即时反馈。我们以Moodle和微博客为基础开发了一个小应用程序。学生可以将这个小应用程序下载到他们的移动设备上回答教师给出的对错选择题。

(6)微博客。UOC的一个重要特点是可以根据特定的教学情境需求,提供新的教学工具。这样,教师可以利用一系列工具,加入学生的学习过程,其中一个工具便是微博客。这个工具用于多个用途,例如,分享链接和信息,减少孤单感,改善教室环境的动态性。从这些方面来看,通过移动设备使用微博客非常重要。这个工具与教室提醒应用类似,不过学生可以使用移动设备访问教室的微博客。

(7)移动校园。移动校园是在移动浏览器上运行的虚拟校园版本。它能够对从虚拟校园到智能手机和数字平板电脑上浏览器要求的所有功能和信息进行修改,提供清晰且直观的导航。

(8)Contents4iPad。Contentsa4iPad项目通过修改教学资料,探索触摸屏平板电脑在教育领域的潜力。从本质上讲,这是一个电子出版应用,展示如何通过不同的方法呈现信息,组成特定的学习材料。

(9)移动UOC应用。这套在iOS和安卓平台上运行的UOC本地应用,让学生可以访问虚拟校园的信息和内容。iPad中的iUOC应用可以访问虚拟校园和教学资料,在安卓和iPhone上运行的UOCmail应用可以提供移动设备E-mail客户端服务。用户可以在安卓市场上下载和更新应用。

(10)增强现实。增强现实是一个通过移动设备增加真实世界视觉的教育应用。用户可以使用增强现实工具创建文化遗产的景观。在加泰罗尼亚有多个景点采用了增强现实应用,这对于游客而言是个宝贵的财富。

(11)移动访问实验室。这个多设备访问实验室能让用户评估网站和移动应用的可访问性和可使用性。这个实验室可以在不同的情境中测试可访问性和可用性,对具有视力障碍的用户格外有用。

第四节　移动学习在师范生教育技术能力培养中的应用

一、移动学习环境下高校师范生信息化教学能力培养

在信息时代,教育发展的重要特征是伴随着个性化学习和优质教育等特点的终身学习和全民教育,作为将来走向教师岗位的高校师范生,他们的信息化教学能力在很大程度上决定着将来我国教育信息化的总体走向。同时,移动学习所具有学习个性化、泛在化、情景化、灵活性的特点可以与传统课堂教学模式进行优势互补,使移动学习和培训变成一种可持续的、发展的、一体化的过程,贯穿于高校师范生信息化教学能力培养的各个阶段,这对进一步促进教育教学改革,具有极大的促进作用。

（一）移动学习环境下信息化教学能力的构成

信息化的教学过程是要把信息技术、信息资源、信息方法和课程内容进行有机的结合,并使其贯穿于整个学科的教学活动当中。信息化教学能力是指教师在利用信息与传播技术并通过教学设计、教学实践和教学评价等方式促进学生学习方式转变和提升学生信息素养的过程中,对学习资源的综合利用水平。信息化教学过程和移动学习的引入对教师的教学能力提出了更高的要求,其角色定位也由此产生巨大的变化。高校师范生的教学实践不能仅限于简单的知识讲授,而应该利用其已有的教育技术技能,变成学习资源的开发者和设计者,学习过程的引导者、组织者,学习活动的参与者和评价者。结合移动学习的特征,高校师范生要熟练运用信息化手段进行教学活动应该具备以下方面的能力。

1. 基本信息化能力

高校师范生的基本信息化能力至少包括信息知识和信息能力两个

方面。"信息知识是基础,信息能力是核心"。信息化时代的高校师范生要具备与信息采集、分析、处理和使用等有关的基本技能和实践能力,能够熟练使用多媒体信息技术和移动技术进行协作学习,互相交流,来促进自己的职业发展。

2. 信息化教学设计能力

高校师范生,也是教师的职前阶段,是教师专业能力养成非常重要的初始阶段。因此,如果要胜任信息化环境下的教学工作,必须具备良好的信息化教学设计能力。高校师范生要学会利用多媒体手段和丰富的教学资源,在教学实践中准确地设立教学目标,选取恰当的教学策略,通过学习情境的创设和学习活动的设计,引导学习者进行探究式学习和协作式学习。使学习者建立新知识与内在知识的联系,能够对新知识进行有意义的建构,从而使学习者进行有效学习,提高其信息加工能力、批判性思维和问题解决能力。

3. 教学资源的设计和开发能力

在信息化教学过程中,学习者是学习活动过程的主体,学习者在学习过程中要根据教学目标,利用信息化通信平台和多媒体资源进行自主探究和与他人合作,从而达到问题的解决。为了帮助学习者主动探究和知识建构,应为学习者提供各种学习资源。信息化和移动学习环境下面临问题的多样性和知识的庞杂化,以及学习者学习方法的实践性,决定了教学的内容比较广泛,要求高校师范生需要具备一定的信息技术与课程设计整合能力、教学资源开发能力。

4. 信息化教学评价的能力

传统意义上的教学评价往往仅局限于对学生知识水平的考核,而忽略了对学生将知识转化为能力水平的评价。在移动技术支持的信息技术化学习环境下,学生的学习方式转为开放式的学习,评价方式也应随之改变,评价过程要突出学生学习的个体化差别,合理使用电子档案袋等进行过程性评价,及时发现学习过程中出现的问题并提出诊断性、形成性的评价,同时也要积极引导学习者进行自评与互评,实现评价主体的多元化。

5.信息化教学反思能力

高校师范生信息化教学实践过程中,可以结合网络教学平台和微格教室等模拟教学过程,对自己的教学目标、教学活动的设计及教学方法、策略和过程,与其他师范生的教学行为以及产生的结果进行比较分析,完成自我认知水平的提高,从而促进信息化教学技能的提高,使教育思想进行升华,促进教育行为能力的不断提高。

(二)移动学习环境下师范生信息化教学能力培养现状

1.课程设置没有切合实际,阻碍了学生信息技术能力的培养

当前,大多高校师范生与中小学教师信息化教学能力的培养上相对独立,师范生信息化教学能力培养的模式简单、课程单一,主要依赖校内的《现代教育技术》课程,基本上完全脱离中小学的教学一线。课程设置往往简单地完成理论教学知识传授,考核和评价也仅仅注重终结性评价,这与课程的目标、内容、评价等都应该以是否能将教育技术知识和能力应用到教学实践中作为评价标准相背离。教学模式的单一、教学方法的局限以及缺少足够的教学实践,这在很大程度上制约了师范生信息化教学能力的培养。

2.信息化教学设计能力现状不尽如人意

信息化环境下的教师不仅要具备基本的教育技术理论,还要有较强的信息技术与课程整合的教学设计能力。通过调查发现,大多数的师范生都能掌握基本的教育技术理论,但对一些"以学生为中心"的教学策略缺乏了解,甚至没有听说过。对于信息化教学设计能力,从调查结果看,教学实践活动大多是支持"教"的活动而缺少支持"学"的活动。有些学生虽然在设计时考虑了突出以学生为主体,但大多利用技术创设教学情境,目的仅仅是为了激发学生的学习兴趣,只停留在技术的简单应用阶段,很少作为促进学生探究和高级思维形成的工具。

3.教学资源的整合和活动设计能力欠缺

调查发现,师范生对相关课程资源的开发仅限于根据教学内容简单

地制作多媒体教学课件,很难做到针对学科特点实施信息技术与该课程的整合,不能针对性地设计教学活动和对提供的教学资源进行开发,不会搭建合适的信息化情景,这也直接影响到学生实践教学的教学效果,很容易挫伤高校师范生进行信息化教学的积极性。

4.教学实施能力偏低

教学实施能力是一种综合能力,它不仅包括利用现代教学媒体对教学进行优化的能力,还包括引导、组织、管理和促进学生学习的能力,这种能力直接关系到信息化教学的效果。信息化教学环境比传统教学环境更加复杂和开放,这就要求具有更高的素质才能驾驭信息化教学的课堂。调查中发现,师范生在信息化教学实践中,很多都出现了教学活动不受控制的现象,不能合理选择和恰当地使用媒体,如无法应付教学中出现的软硬件问题,不能及时应对学生在移动学习过程中的"学习困难"和"学习迷失"等现象。

(三)移动学习环境下师范生信息化教学能力的培养策略

在移动学习支持的信息化环境下,移动学习以其独特优势正在对传统的学习产生积极的影响,督促高校师范生要不断地接受新知识,掌握新技能,养成终身学习的意识与能力,动态地实现自身知识的更新以及教学能力的提升。鉴于师范生的信息化教学能力培养中存在的问题,不断创新和完善培养策略,才能有效提高高校师范生信息化教学能力,从而适应基础教育信息化发展要求。

1.改善培养模式,提高信息技术与课程整合能力

高校师范生信息化教学能力内涵很广,仅凭《现代教育技术》公共课一周3个课时(2个理论课时+1个实验课时)的学习根本无法对师范生的信息化教学能力进行全面培养。因此,在开设《现代教育技术》公共课的同时,要针对各个学科不同的教学特点,面向不同专业开设融合了本学科特点的信息技术与学科整合的相关教学实践课程。同时,要面向师范生开设信息化教学能力培养相关的公选课程,来有效解决必修课程学时有限、学习深度不够、针对性不强的问题。比如开设网络信息资源检索与利用课程,提高高校师范生对网络资源搜索能力以及使用技

巧,服务于信息化教学情景建设的需要;开设数字图像处理、数字音频视频制作与处理课程来提高高校师范生的数字图像获取、处理、美化能力和数字化音视频资源的获取和编辑制作能力,服务于多媒体课件制作素材处理的需要;开设信息化教学设备的应用与维护课程,提高学生对多媒体教学设备的使用与维护能力,使其牢固掌握各种多媒体技术等。通过课程的合理安排,来拓展师范生的信息处理能力,实现高校师范生信息化教学能力的提高

2.培养师范生的创新意识,提高教学设计能力

信息化教学设计能力是信息化教学能力的核心。在《现代教育技术》等课程学习过程中,高师院校要重点培养师范生初步的信息化教学设计能力,培养过程中要以正确的理念为指导,从多角度出发,培养学生的创新意识,利用信息技术手段,改变传统的教学策略,创造新的以“学”为主的教学活动,在对移动学习进行资源开发和学习策略的选取时,需考虑到学习者可以随时随地通过无线网络来获取学习内容进行学习的特点,进行针对性的设置学习目标和学习活动,并结合高校师范生自身的学科特点,创造性地思考解决问题的办法,更好地完成信息化教学设计。

第一,基于任务驱动的教学设计。任务驱动的教与学的方式,能为高校师范生提供体验教学实践和基于问题的情境,以学习者为中心,围绕教学目标和教学任务进行探究式学习、资源型学习和协作化学习。在《现代教育技术》课程学习过程中,以信息化教学设计作为主线,以完成一节或一个单元的信息化教学能力的教学设计方案为任务驱动,在一定的信息化教学环境中加以运用、训练和探讨,并实时地进行教学评价和教学反馈。

第二,基于混合式学习的教学设计。混合式学习的核心思想是针对不同的问题和情况,采用相应的方法解决问题,来实现教学效果的最优化。这种教学策略通常是以虚拟的学习环境为基础,根据学生的学习风格和兴趣爱好,注重活动与资源的设计。移动学习的随意性、灵活性和个性化等特点也为混合式学习的开展提供了很大便利,可以弥补传统课堂教学活动的不足,满足学生课外学习的需要。在对《现代教育技术》课程的教学进行设计时可以根据“主体—主导”教学理念,讲授式教学与探究式教学有机结合,在教学过程中鼓励高校师范生利用移动设备随

时随地对问题进行探究、讨论与协作,在传授知识技能的同时,向高校师范生积极地传输先进的学习思想,养成终身学习的意识。

第三,开发优质学习资源,培养学习过程设计能力。传统教学过程中往往过多关注的是教师如何教的问题,而信息化教学设计需要更多地关注学生如何学的问题。通常情况下,在移动学习环境支持的信息化教学环境中,学生接收到的教学信息越明确,对知识理解就会越深入,学习效果就会越好。所以,在学习资源建设过程中,教师一定要对教学信息描述尽量准确,同时,教学材料的选取要适合学生个性化学习的特点。在学习资源开发时,应尽量使知识和资源图形化和可视化以利于移动学习。鉴于目前信息化教学中移动学习资源相对缺乏的特点,学科教师可以针对学生学习特点,利用微信公众平台、教育微博、微信群讨论和 BBS 社区等同步和异步方式让学生参与教学资源的建构,来培养高校师范生学习过程的设计能力。高校师范生可以在教学策略的制定和教学实践过程中选择合适的助学方式,设计助学活动来改变传统的教学方式,提高高校师范生的学习过程设计能力。

二、移动学习在师范生教育实习中的应用

(一)虚拟学习社区与移动学习

随着信息通讯技术和 Internet 的迅速发展,为满足人们沟通信息、交流情感的需要,虚拟社区(网络社区)应运而生并蓬勃发展。

虚拟学习社区是虚拟社区和新的学习模式的结合。虚拟学习社区主要指凭借计算机网络技术,基于共同兴趣、目标,不受时空限制地"聚集"在一起进行交流、学习而形成的虚拟社会共同体,具有虚拟、开放、跨时间、跨地域的特性。虚拟学习社区里的学习目的,是通过学习者的互动、交流和合作过程,发挥各自的智慧,共同促进知识的建构,增长集体的知识,个人的知识也得到增加。

虚拟学习社区是以网络作为一个虚拟的时空,它具有多媒体、交互性、及时性、开放性等特征。它作为一种虚拟现实环境,提供了师生资源共享、进行交流和创造性活动的空间,从而支持学习环境的设计。

移动学习被认为是在数字化学习(E-Learning)的基础上发展起来的一种新型的学习方式,是移动设备应用于数字化学习的结果,是数字

化学习的一种扩展。而数字化学习在中国被认为是远程教育的第三阶段,因此移动学习也可被视为一种新的远程学习表现形式。

移动学习的发展,是现代教育与信息通信技术相互渗透的结果,特别是随着通信技术的发展以及移动设备的不断更新、完善。移动学习是一种在无线通信技术的支持下使用数字化移动设备在任何时间和任何地点进行的学习,学习不再局限于教室、图书馆等固定的场所,学习者能够根据自己的需要随时随地地进行学习,充分满足了个性化学习的需求,实现真正意义上的自主学习。因此,移动学习的出现,带给我们的不仅是思想观念的转变,同时也会对整个社会学习环境发生彻底的改变,从某种意义上说,它代表着学习的未来。

移动虚拟学习社区是基于移动通信技术、互联网技术和移动终端设备技术的基础上,构成的一种移动教育支撑平台,是由有共同的兴趣和学习目的的人组成的一种交流、讨论、互动、协作等个性化的社会集合体。

移动虚拟学习社区可以实现学习者的个性化学习,学习者可以通过社区里的资源随时随地进行自主学习,或者根据需要与他人进行交流协作,共享知识、资源。

移动虚拟学习社区集虚拟学习社区和移动学习特征于一身,除具有移动学习的时空自由性、随身性、个性化的特点,还具有高效的交互性、技术性,社会性学习的便携性、灵活性等特征。

(二)信息技术支持下师范生的教育实习及专业发展现状

高等师范院校对于教育实习工作的开展相当重视,为此投入了大量的人力、物力。指导教师的指导情况直接影响着教育实习的质量,但是,由于师范教育实习生人数众多,实习方式多样化,实习学校分布各地,这导致原本就已经比较缺乏的指导师资不管是数量规模上还是专业分布上都显得更加不足,指导力度、质量颇受影响。人数的众多与实习地域的分散,也使得管理与评价工作更加复杂艰难,难以做到全面统一公正。对于实习生来说,实习过程更多的是与中小学指导教师接触,而不同实习学校同学之间的交流协助往往比较少或者难以深入;尤其对于分散实习的教育实习学生来说,由于与高校指导教师交流受时空限制,师范生教育实习协作与交流空间不足,影响到教育实习的质量与实习生作为准教师的专业发展,指导教师对实习生缺少全面精细的指导。此外,教育实习过程中的教案撰写、教学反思、实习总结、课堂互评等实习环节常常流于形式或者淹没于实践过程中,实习的反思环节体现不充分,没能得到及时整理与积累,难以获得有效及时的反馈,而使得实习学生失去了在教育实习中学习与检验修正的机会。实习生之间缺少交流,也不利于相互借鉴,共同提高。同时,评价方式也不够全面,管理工作受时空条件限制以及实习成果保留、再现困难,这些问题的存在,表明教育实习需要搭建一个实习生之间、高校指导教师与实习学生之间、高校指导教师与实习学校指导教师之间的桥梁,保障他们之间的交流、协作,促进师范生在实习过程中的教师专业发展。时空限制导致的优质教育实习资源无法共享、信息获取不方便,而信息技术能够突破时空、人员数量的限制,实现资源的广泛共享。

随着社会信息化的快速发展,国外将网络教育等方式运用到教育实习中,比如美国伊利诺州格林维尔学院(http: //www.greenvile.edu),它在网站上提供教育实习的步骤以及许多指导性的文章,以便帮助实习生更好的完成实习计划。另外,还有一些由官方或自发组织所创建的开放性网站提供了大量教师教育的资源,对教育实习生也有一定的帮助。

国外较多国家都充分利用信息技术和网络技术来改革教育实习模式。美国为了给实习生做好教学示范,与实习指导老师保持密切联系,及时给实习生指导和帮助,充分把信息技术运用到教育实习中。例如美国杨伯翰大学与盐湖城学区共同研究,开发出信息技术支持的同伴合作实习模式。在加拿大,信息技术与教师教育成为教育技术领域和教师教育领域共同关注的重要主题,主要涉及两个方面:一是信息技术辅助教师教育,通过创设教师教育的信息化环境,来支持师范生教育实习活动;二是关注教师的信息技术教育研究,即如何快速有效地培训师范生将信息技术融于日常教学,灵活设计相应的技术,提升自己的教学实践能力。

国内运用于教育实习的信息技术主要有 BBS、博客、Moodle 平台、QQ 群、Email 和网站等几类。

师范教育实习生可以在自由、开放的 BBS 论坛充分发表自己的实习心得和体会,分享的论坛帖子可以引起实习共同体的实习反思和实习思索,通过阅读和回复帖子,加强指导教师和实习生以及实习生之间的互动。

有学者将博客应用于教育实习的过程中,取得了较好的效果。师范生几乎每天都可以在自己的博客空间抒写自己的实习文章,一方面能促进实习生养成每天总结实习心得的习惯,另一方面也能在博客领域形成良好的教科研氛围。通过撰写自己的教学反思以及回顾实习内容,提高教育实践能力,博客是教育叙事的新途径和新方式,它让实习共同体成员网上、网下的沟通得到互补。优酷、土豆等为师范教育实习生提供了比较优秀的教学视频,让实习生在制作课件的时候,有了更多的参考和学习,拓展了思路。

借助信息技术,许多高师院校建立了教育实习网站,例如,华中师范大学教育实习(见习)数字资源库建设平台(http://jxsxszzy.ccnu.edu.cn/)是为教育实习搭建的数字化平台,为实习生提供实习资料库实现资源共享。南京师范大学教育实习网(http://jysx.njnu.edu.cn/default.aspx),通过教育实习网络平台,发布通知通告与实习新闻,并提供实习基地的相关介绍。在资源方面,网站为实习者提供了实习教案、实习课件以供参考,同时,网站提供实习感悟与实习风采进行实习过程情况记录功能。云南师范大学信息化实习实践平台(http://jysx.ynnu.edu.cn/)即教育实习管理平台,实习学生和大学指导老师可以通过帐号和密码进入该实习平台的个人中心。通过该平台的系统首页模块,高校指导老师和实习学生可以查看最新的实习信息。通过实习小组模块,高校实习指导老师可以查看自己所带学生的基本信息以及布置和管理任务。通过在线答疑模块,高校指导老师和实习生可以进行发帖和回帖进行问题的交流。通过通讯录模块,高校指导老师可以给实习学生发送自拟主题的短信。通过短信息模块,大学指导老师和实习学生可以查看发送短信的记录。通过新闻公告模块,可以查看最新的实习新闻信息。通过实习资源模块,高校指导老师和实习生可以下载自己所需的资源。还有诸如哈尔滨师范大学教育实习管理平台(http://jysj.hrbnu.edu.cn/)、岭南师范学院实践教学网(http://202.192.128.61/shixi/)等都提供了实习网站以方便教育实习活动的开展。这些教育实习网站,通常会提供通知公告模块,颁布一些教育实习的规章制度与实习工作的安排;资源模块为师范教育实习生提供教育教学方面的材料,供大家下载。

教育信息化程度的日益提高,对师范生教育实习提出新的要求,国内诸多学者认同师范生教育改革中信息技术所起的重大作用。信息技术不仅可以为教育实习提供信息资源,促进各实习主体通过网络共享资源,还可以提高指导和管理实习的水平。

(三)教育实习个性化虚拟学习社区

教育实习是师范教育实习生教学技能提升的关键环节。信息技术在及时交流、资源共享、数据分析等方面具有独特优势,可以为教育实习提供技术支持,甚至可以改变传统的教育实习流程和模式。如何在分散的环境中提高师范教育实习生的教育实习质量和效率,是师范院校所关注的教学难点之一。根据实习共同体的真正需求,建构教育实习个性化虚拟学习社区模型,开发教育实习 App,突出个性化,真正构建个跨地域和跨时空的实习场,调节实习过程,是为师范教育实习生、实习学校指导教师以及高师院校带队指导教师和教育实习管理者构建的信息化环境,实现信息技术在教育实习中的高效应用,从而形成以教育实习为主题的个性化虚拟学习社区。

把虚拟学习社区引进教育实习过程中,实习共同体在虚拟学习社区中可进行及时的交互与共享资源并进行实时的评价与反馈。搭建教育实习 App,只需有移动智能终端和网络,即可下载,可以应用于有教育实习需求的师范院校。在教育实习个性化虚拟学习社区中,实习共同体能够随时随地交互,因为虚拟学习社区提供了一个高效访问信息的途径,交互沟通以获取共同的学习体验和集体的智慧。虚拟学习社区以数据库、图像、影视、多媒体和交互性展示的方式提供了海量的信息。个性化地访问信息,提供交互仿真系统是教育实习虚拟学习社区的特点。实习生可以依据自己的步调搜索实习材料进行个性化学习或小组学习,同时指导教师也可以对实习生更个性化的指导。该教育实习 App 是构建教育实习信息技术平台的一种新思路,是对目前的教育实习信息技术环境构建的一种有益扩展。

第八章 新技术在教育中的其他创新应用

　　近年来,新兴技术不断涌现,并逐渐被运用到教育领域,这些新兴技术将给教育带来持续和深远的影响。创新是当前教育信息化发展的焦点,新兴技术是助推创新的重要引擎之一,其对于课堂的影响已初见端倪,正在深刻影响并改变新一代学生的学习方式,逐步开始扭转以教师为中心的低效教学形式,并成为有望打破课堂单一教学形态的利器。新兴技术在教育中的应用更易被新一代学生所接受,能够激发学生的学习兴趣、提高教师教学效果、丰富课堂的教学环境、促进师生良好的认知体验和情感,从而有力地促进教育的革新和发展。在这一章,我们对云计算技术、社会性软件、虚拟技术等信息技术在教育中的应用做简单介绍。

第一节　云计算技术在教育中的应用

云计算在教育领域中的应用称之为"教育云",是未来教育信息化的基础架构,包括了教育信息化所必需的一切硬件计算资源,这些资源经虚拟化之后,向教育机构、教育从业人员和学员提供了一个良好的平台,该平台的作用就是为教育领域提供云服务。

教育云平台是首个以云计算技术运用的专业教育平台,中国教育信息化第一品牌,打造中国教育产业第一航母,亚洲教育网三网合一。智慧教育云是国内最先进的教育云平台,实现了广电网、电信网和互联网的三网合一。

教育云包括"云计算辅助教学"(Cloud Computing Assisted Instructions,CCAI)和"云计算辅助教育"(Clouds Computing Based Education,CCBE)多种形式。

一、云计算辅助教学

云计算辅助教学(Cloud Computing Assisted Instructions,CCAI)是指学校和教师利用"云计算"支持的教育"云服务",构建个性化教学的信息化环境,支持教师的有效教学和学生的主动学习,促进学生高级思维能力和群体智慧发展,提高教育质量,也就是充分利用云计算所带来的云服务为我们的教学提供资源共享、存储空间无限的便利条件。

随着云计算的进一步发展,信息化教育利用云平台,实现教学、管理和信息交流等功能,从教育的发展趋势和云计算技术的特点看,云计算辅助教学模式应当是今后发展的主要方向。

(1)自主式学习。有了"云计算"带来的学习环境,每个人可以根据自己的需要,订制学习计划和学习资源,学生是学习的主体,只有让学生端正学习态度,正确认识云计算辅助教学,才能使其从中多方位地获得知识。教育学生如何利用课堂的时间,借助各媒体的作用,让学生明白云计算辅助教学不是为了好玩而是为了更好、更快、更容易地掌握新知识。

（2）协作交流式教学。云计算辅助教学应用于教育,毕竟向教师提出了挑战。教师要想继续在教学中发挥主导作用,就必须提高自己的能力水平,超越技术因素,进入教学的艺术境界。应该说,云计算辅助教学的应用,使教师从繁琐的教学准备中解放出来,有更多的时间去充实自己和进行教学研究,向研究型教师转化。同时,云计算辅助教学的应用,也要求教师去学习和掌握它。因此,教师必须实现自己角色的新转化,并不断地充实自己,以适应教育现代化的需要。在云服务的教学课堂上,教学内容可以从云端获得。由开放软件开放的标准、开放的数据访问和开放科研的理念发展而来的开放的教育教学内容,这些教学内容包含了从课程数据到互动的教学社区。

（3）个性化学习探索式教学。利用云计算的虚拟技术,教师和学生能够通过画面直接进行交流。在课堂教学中能够营造出一种不断提问的效果,促进了学生积极主动地进行探索式学习。

教师利用云思维、云服务技术,了解云时代学生的学习特点,重视网络在学生生活和学习中的重要地位,灵活地选择合适的媒介,按需提供更适合学生个性化学习,促进学生的学习与创新。

二、云计算辅助教育云

计算机辅助教育（Clouds Computing Based Education, CCBE）,即所谓的"基于云计算的教育",是指通过云计算技术,在教育的不同应用领域中实现对教育和教学的支持。云计算技术是一门新学科,是计算机科学与教育学的一个交叉学科,它关注未来云计算时代的教育活动中各种要素的总和,主要探索云计算提供的服务在教育教学中的应用规律,与主流学习理论的支持和融合,相应的教育教学资源和过程的设计与管理等。

（1）建设大规模高质量共享教育资源库。目前的资源库建设存在着教学资源分布不均、教学资源重复建设、教学资源共享程度低、教学资源孤岛现象严重、缺乏相互协作等问题。云计算作为一种新型的共享与服务机制,能够充分保证资源建设与资源服务的良性运行。首先,云计算具有良好的容错性、强大的计算能力和几乎无限的带宽,能保证高性能和高并发性,用户的请求可迅速获得响应,几乎具有无限的服务响应数量及接入终端数量。其次,云计算使用虚拟化技术实现了数据的分布式存储和集中式管理,将全部的资料存放在大型的数据处理中心,并由先进的技术和专门的技术人员负责数据的管理与安全性,既能保证资源库扩充,又能保证资料的安全性,同时也可以把各级教育机构的资源建设(包括国家以及商业教育资源建设)统一建设在同一个云计算服务平台上,有助于实现资源的共享,避免形成一个个资源库孤岛。再次,云计算提供了平台即服务的应用形式,用户可以在供应商的基础架构上创建自己的应用软件来管理资源,然后把资源通过网络直接从供应商的服务器上传递给其他用户。而这些软件也使用共同的协议,能够解决资源相互操作中缺乏有效指导的问题。最后,云计算能跨设备跨平台,用户可轻而易举地在各种终端之间同步获取数据,并可随时与任何人分享,使资源的使用范围无限扩大。

(2)建设灵活高效的网络学习平台。随着云计算技术的逐步发展和普及,学校、教育机构和个人的数据将逐步向"云"转移,从而对在线教育产生了巨大的推动作用。云计算可以帮助建立三种类型的教育环境:学校教学环境(SLE)、群体学习环境(CLE)、学生个人自主学习环境(PLE)和三类教学系统——教学信息自动传递系统、教师指导调控系统、学生自主学习系统。而学生可以通过云计算提供的环境、资源和服务,自由地选择学习内容和学习方式,实现网络学习,如利用云计算服务可以将文本、文档、电子表格、演示文稿、文件附件、视频、照片和其他类型的信息,以及各类云服务完全组合在一起,为网络学习者提供丰富的网络学习资源和良好的学习平台,便于网络学习的开展。在我国已经有了许多基于云计算的教育资源中心和网络学习平台,它们逐渐在教育领域扮演着举足轻重的角色。

(3)建设更加快捷方便的教学管理系统。软件即服务是云计算提供的一种服务类型,它将软件作为一种在线服务来提供,这为学校提供了一个信息化建设参考方案。目前常用的办公软件、邮件系统等软件都能使用到云计算服务,因此在使用这些云计算服务之后,可以大大降低信息系统的建设成本,同时也可以节省软件的维护和更新费用。采用云计算模式提供的云服务,如利用日历管理工具和在线文档编辑工具,用户只需联网打开浏览器,即可使用这些云服务,实现在线日程协作安排、学习项目协作规划、教学活动协作管理、师生人员协作管理以及文档、表格、演示文稿的共享与协作编辑,完成网上协作办公。

三、云平台支持下师范生教育技术能力培养

云平台能够为网络教学或辅助教学提供个性化的学习应用平台,它利用计算机互联网或 Internet 硬件环境为师生的教与学搭建了一个虚拟化的教学环境,并应用在课堂教学的多个方面,为开展多种形式的教学提供了有利条件。

高等师范院校开设的《现代教育技术》公共课教学是师范生在校期间教育技术能力培养的主要手段,是未来教师适用教育信息化社会的必经之路。它与其他理论性较强的公共课程相比具有较强的综合性和实践性,将云平台应用于师范生教育技术能力的培养,可以使师范生在学习《现代教育技术》课程过程中,对云平台的使用程度从陌生到熟悉,这样一方面通过云平台的操作使用可以切实提高师范生教育技术的应用能力,并且基于云平台的教学本身就是信息技术与学科有效整合的范例,有利于师范生在学习过程中信息素养和信息能力隐性知识的形成发展。

将云平台与《现代教育技术》课程相结合,可以利用云平台的教学优势来提高《现代教育技术》公共课的教学效果,为师范生教育技术能力的培养提供一个开放的教学和学习平台。云平台拥有丰富的教育资源并支持多终端学习,这样学习者可以随时随地的利用终端设备进行学习,从而打破《现代教育技术》课程以讲授为主的单一教学形式,并且解决《现在教育技术》课程当中教学内容庞杂而教学课时不足的矛盾;云平台的交互功能为教师与教师、教师与学生、学生与学生之间的交流提供了方便,同时也为自主性和协作性学习创设了良好的环境,使课堂变得更加活跃,提高学习者对现代教育技术的学习兴趣,师范生教育技术能力培养是一个持续漫长的过程,而作为主要培养手段的《现代教育技术》公共课,它的开设时间基本上为短短的一学期,因此难以在这有限的时间内完全提高师范生的教育技术能力。这样即使课程结束,师范生完全可以利用云平台来继续提高自身的教育技术能力,无论是在后期的专业课学习还是教育实践中,师范生可以继续通过云平台获取最新优秀的教学课件、教学案例等资源,如果遇到教育技术上的问题或困惑还可

以通过该平台继续讨论交流,由此将云平台作为师范生教育技术能力培养的桥梁纽带,将有利于师范生整个大学期间教育技术能力的培养。

综上所述,将云平台应用于师范生教育技术能力培养的过程中,与《现代教育技术》课程、后期的专业学习、教育实践相结合,不仅能够使师范生掌握云平台的操作方法,而且潜在提高了师范生教育技术的应用能力,为师范生教育技术能力提供了新的培养策略,也为云平台的应用提供了新思路。

云平台支持下的师范生教育技术能力培养可以从以下几方面进行:

(1)加强网络课程建设,构建教学内容新体系。如依托云平台,构建多学科整合网络课程;以云平台为载体,推进"新形态"教材建设。

(2)创新教学理念,综合运用多种教学方法。如任务驱动为主基于云平台的自主学习法;案例教学为主基于云平台的协作学习法。

(3)搭建课程资源库,营造信息化教学环境。如云平台为支撑,搭建师生共建共享型资源库;借力云平台,有效整合 Web 资源和生成性资源。

(4)完善教学评价,建立多元化网络评价体系。如云平台下形成性评价与总结性评价相结合;云平台下自我评价、同伴评价与教师评价相结合。

(5)提升教师能力素质,引导教师与云平台高效互动。

(6)重视微格教学,强化云平台对教育实习的支持。如以云平台为载体,优化微格教学技能训练手段;依托云平台,加强教育实习中教育技术的应用。

第二节　社会性软件及其在教育中的应用

一、社会性软件概述

社交网络在改变人们网上交流方式方面已经发挥了重要作用。它促使了读/写网络的产生,在这里用户不但可以检索而且可以编辑网上信息。"社会软件"很难被定义,因为它可以包括很多不同的工具。有人认为，社会软件包括使人们更容易地在网上联系的所有工具，例如，无线互联网接入和移动设备。其狭隘的定义可能只包括可以让人们进行双向对话的软件，但不包括类似于播客和屏幕录制这样的技术。

汤姆·科茨（Tom Coates）是一位博主同时也是雅虎员工，他为社会软件下了一个最简明的定义："社会软件可以宽泛地被定义为一种支持、扩展或保存人类社会行为的附加值——留言板、音乐共享、照片共享、即时信息、邮件列表、社交网络的软件。"因此，本书将社会软件定义为一种工具，这种工具必须至少满足以下三个条件中的两个：

（1）它促进人们的交流、协作，并建立网上社区。

（2）它可以进行联合，共享，重复使用，或重组，或有利于形成联合组织。

（3）它可以使人们轻松地模仿别人的行为或学习别人的知识。

虽然有些工具（包括电子邮件列表和论坛软件）20 年前已经出现了，但大多数社会软件真正得到发展还不足 10 年。这些新的工具帮助人们创建并从读/写网络的现代理念中获益。这将从根本上促进协作、共享和社区的建立。

社会软件可以包括各种不同的工具，而这些工具的共性就构成了社会软件的特色。

（一）内容创作和内容共享

多年前，把内容放到网站上是精通计算机技术的人士才能完成的工作，这些人熟悉 HTML 和 Web 编程语言。随着社会软件的发展，任何人都可以在网上编辑内容，包括照片、文字、音频和视频。博客软件让任何人都可以轻而易举地创建自己的网页——使用这种软件可以编辑任何内容并且稍后就可以发布到网页。博客也可以让一些组织建立网页而不需要网管。从本质上讲，只要你能打字，就能建立一个博客。对于想把内容添加到个人空间的用户而言，利用维基很容易做到，而且他们也无需知道任何 HTML 技术。从本质上讲，人们可以用维基来共同建立一个网站，在民主的基础上对其内容进行编辑。

照片共享软件可以让人们轻松地把他们的数码照片上传到网上与他们的家人、朋友或其他人分享。音频软件使用户创建一个数字音频文件变得很容易，但现在，我们可以提供某种服务对这些音频文件进行编辑并组合,使这些音频文件通过播客被大家获取。拍客软件可以让人们创建动画、电影而无需深入知道任何动画技术。视频编辑软件已经变得越来越方便使用。即使自己没有服务器的人们也可以创建博客或维基,编辑播客和视频,并把这些内容通过一些免费的存储服务放到网上。在线目录使得这些博客、照片、播客和视频更容易被大家发现。事实上,社会软件已经让每个人的自我展现、与家人和朋友分享变得很容易。

（二）在线协作

虽然电子邮件让交流变得很容易,但是在网上进行分工协作并不容易,直到维基产生这一问题才得到解决。维基产生之前,网站开发只能是相关人员告诉网站开发人员他们需要在网站上呈现的内容,由网站开发人员进行网上编辑。随着维基的产生,大家可以共同创建一个网站,任何人都可以添加或编辑内容,不受时间和空间的限制。使用维基人们可以通过分工合作来建立各种指南和知识库、计划会议、编辑文本。维基还提供了一个供不同的人为不同的目的而收集知识的空间。

（三）交流：分布式的、实时的

社会软件使得交流有很多种形式。博客可以是博主和读者之间以评论的形式进行交流。分布式交流（交流不止在一个地方）则是博主通过自己的博客评论别人的作品。永久链接,或永久链接到特定的博客文章,让人们很容易地了解到博主将自身对特定博文的评论推荐给读者。评论可以让我们知道谁对我们说过什么,我们怎么在博客上回应他们。人们甚至可以通过订阅"自我搜索"来接收另一位博主随时推送给他们的最新内容。

人们可以通过使用即时通讯工具（IM）或网络电话（VoIP）进行实时交流。使用即时通讯工具,两人或多人可以通过打字的形式在网上进行同步交流。网络电话是一种互联网协议,允许两人或多人通过电脑进行通话。使用网络电话和打电话的效果是一样的,只不过网络电话是通过网络而不是电话线来传递信号,因此通常不收费。

（四）自下而上而构建的社区

人们通常把网上社区当作一个由上而下创建的组织而自觉加入。这种类型的在线社区有明确的界定——你是一个社区的成员或你不是该社区的成员，然而，许多社会软件是采用由下而上的模式来创建网上社区的，在这里人们通过相互之间的联系来构成网上社区。这种网上社区并没有明确的边界，而且是灵活可变的。博客就是这种以由下而上的模式而创建的网上社区的最佳例子。无数人开通博客并围绕特定主题进行写作。他们通过博客进行联系并在对方的博客上发表评论，逐渐形成网上社区。这些博主开始觉得他们已经成为自己不自觉地加入的网上社区的一部分，但他们之间的联系仅仅基于他们的行为和观点。

这种自下而上而构建的网上社区类似于网络，人们通过第三方建立联系，这种联系可强可弱。博主们也许互不相识，但他们通过对他人博客的评论建立联系。你可以阅读一个博客，其他人同样也可以阅读这个博客，但人们或许不阅读对方的博客。然而，人们仍然是基于共同阅读兴趣而建立的网上社区的一员。网络社会软件的工作模式都是类似的。如果一个人创建自己的个人资料，并把朋友列表添加到个人资料中，这样他就可以看到他的朋友的朋友。可以想象，通过认识的朋友他们将认识多少人？这样人们就可以在一个相互关联的社区中与朋友的朋友约会、建立友谊或开展商务合作。

社会软件帮助人们建立不同类型的社区。在线社区不需要论坛、公告板或电子邮件列表，人们可以通过维基、博客评论、照片共享软件、通过链接行为或共同的标记进行交流。类似这样的社区无需维护也没有核心权利。它们的存在仅是因为人们都在使用同样的社交工具或参加类似的活动。

（五）利用大众的智慧

通过社会软件人们不仅可以交流、合作、建立网上社区，还可以从他人那里学到很多知识。许多社会软件可以让人们学到越来越多的知识。以维基为例，无数人把自己的知识添加到网站上，这样就可以对一个给定主题形成个巨大的知识库。如果图书馆里的同事都能在馆内的维基上记录他们所知道的一切参考资料和网站,那么图书馆里的每个人都可以在咨询处获取同事的知识。越多的人把知识添加到维基上,维基就会越有用。

有了标签,人们使用网络更加快捷方便。一个标签基本上就是一个关键词,用户通过用标签标记他们的博客、照片、网站,从而可以很容易地找到它们。人们可以搜索单个的关键词,也可以找到其他一切已标记到这个关键词下的内容。随着社会书签的出现,人们用描述性的词语来标记网页变得很有意义。如果有人对维基感兴趣,他们可以调用一切用"维基"这个词标记的所有内容。很明显,人们用"维基"标记的文件与谷歌根据该表述而创建的索引相比更相关、质量更高。标签帮助人们使自己的资源更有意义,并通过扩展链接,让别人更容易发现同样的内容。

(六)透明度

大众的智慧产生透明度。如果一个公司生产的产品质量差,那么这个公司必然面临争议。或者国会议员触犯法律,毫无疑问,肯定会被人发现。任何组织的声誉都可能被网上一连串的差评或一些博主发布的负面评论所摧毁。人们可以轻而易举地使得一些配件、图书或软件畅销,但也会很容易地使这些东西滞销。因此,一些公司让他们的公关部门维护与传统媒体的关系。同时,透明度也可能带来前所未有的机遇。社会软件可以让公司以一种更有人情味的方式与客户保持联系。除了缺乏人情味的官方网站,通用汽车还有个博客(fastlane.gmblogs.com),公司高管们在博客上记录事情的真相。博客不像通用汽车的官方网站那样,高管们会在博客上留下自己的名字,并用真情实感与客户沟通。在现实中,让一个人直接与一个大公司对话是挺困难的,但社会软件却可为公司与客户提供一种更为贴心的交流渠道。

(七)个性化

有人读报纸是从头到尾,但很多人只阅读自己比较感兴趣的话题。但是,他们仍然要浏览整份报纸才能找到什么是自己真正想了解的内容。那么是否可以预定报纸上你感兴趣的话题,并只把这些主题的文章每天发送给你? RSS 基本上可以让你看到你所关注的每日新闻。RSS

是一种社会软件,这种工具允许用户把从不同网站上搜集到的内容放到一个网页上或者放到 RSS 聚合器上。所以,如果你对科技新闻感兴趣,你可以订阅有关此主题的 RSS,它会从很多不同的渠道收集信息,包括主流媒体,如《纽约时报》、博客和学术期刊。有些网站甚至可以让你订阅搜索词,并能收到所有与该搜索词相关的新闻或博客文章;例如你可以订阅"维基"这个搜索词,这样你每天就会收到关于维基的所有博客文章。这样你就可以通过在线报纸慢慢阅读、细细品味你感兴趣的内容了。

RSS 也是一种支持播客和网上音频文件订阅的技术。许多播客被设计得与演播室的表演一样,配有音乐和解说,也比较幽默。你可以订阅你最喜欢的播客并把他们下载到 MP3 播放器里。这样就可以创建属于自己的演播室,在这个专属的演播室里只播放你想听到的内容。RSS 可以让人们自己选择把什么样的信息推送给自己。这样人们就不需要到处搜集自己感兴趣的话题材料或阅读一些无关紧要的内容。

（八）可携带性

随着网络变得日益普及,现在人们在任何地方都可以正常工作了。大多数社会软件应用程序都是 Web 应用程序。即使你在咖啡馆里上网,仍然可以打开你的博客并记录你的行程,上传照片到图片共享应用程序,阅读所有由 RSS 聚合器推送的博文和新闻。只要你能记住用户名和密码,只要可以连接网络,社会软件在任何地方都可以使用,除了使用可移植的 Web 应用程序,现在越来越多的人通过移动设备,如 PDA 和手机来上网。这些工具可以搜索谷歌、查询电影放映时间、联络朋友、发送电子邮件、拍照片或微电影并将它们上传到网上以及发送短信。越来越多的网站和应用程序被设计成通过台式机和手持设备都可以访问。这样人们就可以用手持设备完成之前通过台式机处理的相同事务。短信或手机短信,已成为年轻人彼此沟通的流行方式,因此,商业公司抓住这个契机提供服务,推动用户通过 SMS 传递信息。Web 应用程序,移动设备和文本信息可以供人们随时随地使用。

（九）克服距离和时间的障碍

社会软件很好地克服了时间和空间的障碍，人们无论身在何处都能有机会彼此沟通和合作。人们可以通过即时通讯软件（IM）和网络电话（VoIP）进行实时交流。提供基于即时通讯软件的参考咨询服务的图书馆，可以为任何地方的读者提供同等水平的服务。使用维基，人们还可以在网上相互合作而无需都在同一间办公室，也不需要同时一起工作。这些社会软件使面对面的会议也显得不是那么必要了。

二、基于社会性软件的混合学习在师范生教育技术能力培养中的应用模式

（一）自主答疑式学习模式

这是一种学习者在教师的引导和帮助下自主学习的模式。首先教师将需要的分布在教育技术学科资源库、群共享或网络中其他地方的各种学习资源嵌入自主学习任务列表，将任务列表发布在微信群论坛学习活动模块上。然后学习者在规定的一段时间内按照任务列表的要求一步步完成任务。学习者课内课外在学习的过程中遇到问题都可以及时在微信群里提问。学习者在课堂上，可直接通过 YY 语音提问，教师会及时为学习者解惑。学习者在整个学习过程中，要用博客写学习心得和反思，日志的主题自定，如可以是对学习资源的反思、自己的学习过程或策略的反思或对教师的建议等。

此模式适用的教育技术能力类型是基础知识和技能：如网络工具的使用体验，教育技术的相关陈述性知识，教育技术的发展史、定义、基本理论等，网络资源的分类，媒体的类型，信息的特征等。

（二）讨论交流式学习模式

交互讨论式学习是教师通过预先的设计与组织，学生经过自学思考，在教师引导下就某一问题发表自己的见解，主动探寻知识的教学模式。网络讨论的平台可以是博客圈、BBS、微信群聊、QQ 群聊、YY 等。

此种模式适用的能力类型主要有意识与态度、社会责任等隐性的决定技术应用成效的能力。意识与态度类,如教师的信息素养、教育技术的重要性认识、教学媒体如何应用于教学、利用信息化工具进行交流的意义、自我反思的重要性认识等。

（三）协同设计式学习模式

这是一种小组协作主动探究完成任务的学习模式。教师首先在群论坛提供学习任务的指导,然后学习者通过群聊确定每小组的作品主题和每个人负责的任务模块,学习者在 wiki 上合作完成编辑。学习小组的作品发布在 wiki、优酷、群共享或群论坛上。

此模式适用的能力类型主要有整合设计的能力、教育研究能力的技能和应用创新方面。例如信息化环境下的教学设计包的设计与制作、教学研究计划等。

（四）操作示范式学习模式

适用能力类型是技术型操作性很强的技能,例如教学软件制作技术、多媒体教室的设备使用与维护、IP 资源卫星接收试验、视音频采集设备的使用等。这是基于任务驱动式的学习方式。

三、企业微信为师生构建一站式校园服务新平台

一方面,社会性软件能够促进个体知识建构,将个人的知识管理过程与社会性软件的应用融为一体,因而,社会性软件在促进个体的学习、生活和工作等方面有很广阔的应用前景和空间。另一方面,社会性软件在学习社群、学习共同体等社会知识建构和社会协作关系的建立方面也有很多可拓展的应用空间。随着互联网和科学技术的不断发展,社会越来越倾向于技术化。人们交往需求的本能,促进了软件的社会化。社会性软件能够构建社会关系、生产社会资本,因而具有多种应用。社会性软件应用于学习和教育领域,促使人们分享知识、激发知识创新,培养自己的信息能力和协作能力。

几种常见且被使用频次较高的社会性软件有微博、维基、博客、腾讯

QQ、微信等,本节主要以微信为例叙述其在教育中的应用。

综合性大学的教职工与学生队伍数量庞大,在信息化工作中会遇到很多困惑。最大的困惑就是学校信息化建设投入了很多时间和精力,却没有得到好的口碑,一些师生还有诸多抱怨,对学校的信息化现状不满意,这是一件让人非常沮丧的事情。

如何找到一种简单的、可以"一招制胜"、一下子获得用户大量好感的数字校园管理工具,是很多大学提升校园信息化建设水平的当务之急。

1. 数字校园建设的三大痛点

为推进大学建设,除了需要在科研能力、师资水平等方面积极作为,更需要一套高效的校园管理体系作为后勤保障。在推进学校数字化管理的过程中,现有的信息基础设施势必会让数字化管理工作遇到诸多难题。

(1)业务系统陈旧,业务办理不方便。许多业务流程都只能在电脑端操作,与现在大事小事习惯在移动端解决的用户习惯相去甚远。

(2)办理事务手续复杂,效率低。纸质材料人工办理既耗时又混乱,花费成本也高。

(3)后勤保障不及时,使用负担重。缺乏及时的后勤服务,学校生活处处有阻碍。

2. 手机就能搞懂业务办理,师生更满意

学生在校期间需要办理学费和住宿费缴纳、考试报名、选课等众多业务,为了满足庞大的业务办理需求,学校建立了大量的业务系统。但这些业务系统很少有能够支持在移动端使用的,师生必须使用电脑才能进行业务办理,操作十分不便。如何选择一款合适的移动端业务操作系统是困扰很多高校的一个难题。企业微信为全校师生提供了一个很好的从桌面端到移动端的黏合方式。使用企业微信给各种业务系统添加微信扫描二维码的登入方式,让师生们使用手机就可以方便、快捷地访问学校的各个业务系统。

目前,用户活跃度最高的应用是校园卡,可以实现充值查询消费记录、挂失等;还有"我的学业",学生可以很方便地实现查询成绩、课表等。其他的应用也有很多,比较有特色的有门禁查询、我的通知、我的财务、图书馆、会议管理、校园直播、办事指南、就业服务、待办事项、访客上网、卡券核销等。这些移动应用满足了师生对于移动端的依赖性，大大提升了师生办理业务的快捷性与便利性。

3. 简化毕业生离校手续，省时又省力

学生们毕业时往往需要办理一系列复杂的手续，各项流程确认无误后才能离开学校。以往学校会向毕业生分发一份印有离校流程的说明和毕业所需的纸质材料，再由毕业生们自行到各个地点去办理手续并盖章。但是这些地点往往分布在学校不同的地方，大多是学生四年都不会踏足的场地。很多学生甚至连有些地点都找不到。辛苦找到之后，发现各个地点的各个窗口都排起长队，学生等得很辛苦，老师审核材料也很辛苦。同时，人多混乱，学生如果不慎将材料丢失，就只能再重跑一次。

离校手续线上化，流程办理更省心。现在，将毕业生的离校办理手续装进了企业微信里。利用企业微信的"毕业生离校状态"功能，每一位同学都可以清晰地查看到自己的待办事项。同时，利用校园地图也可以查找各个地点的位置。有些步骤可以直接经由系统确认，不需要再当面盖章处理，学生和老师都轻松了很多。学生再也不需要在毕业季的烈日下来回奔波，不会出现遗漏和丢失材料的情况。

4. 网络服务，关键时刻不怕宿舍断网

在校期间，所有学生都会使用校园网络，过去学生需要以宿舍为单位按月或按流量购买网络服务。学生需要时刻关注宿舍网费情况，一旦忘记按时缴费，宿舍就会断网，影响学生课余生活。为了解决这一问题，可以在企业微信里开通"网络服务"应用。学生们通过关注企业微信里的网络服务应用，就可以随时查询到宿舍网络的使用详情、余额信息，还能直接在线缴网费，保证余额充足，就算突然断网也不怕。学生们再也不会因为网络问题耽误重要事情。

5. 微信校园卡，打破实体卡片的枷锁

学校信息办的服务平台一直都是学校最繁忙的部门，每年新生进校要办卡，毕业生离校的时候要注销卡，每天还有大量的人来补卡。不仅老师工作量大，学生也要在排队上耗费大量时间。

微信校园卡，帮学生省心，帮学校省钱。借助企业微信与微信的互动连接能力,高校利用企业微信,开通了微信校园卡应用,解决了校园卡使用的难题。

过去实体卡能做的事情,微信校园卡也可以做到;实体卡不方便做到的事情,微信校园卡更可以做到。微信校园卡除了满足学生身份识别与校园消费支付的传统功能,更节约了很大的人力和制卡的成本。学生使用更方便,学校发卡更省钱。

6. 全方位满足师生学习、生活、工作需求

企业微信舒适的用户体验、连接与开放的能力、高黏度的功能,一经使用立刻受到师生的青睐。

(1)应用移动化,提高使用便捷性。企业微信在移动端开通了多项业务系统,让师生使用手机即可享受服务,告别了被拘泥于电脑桌前办业务的时代。

(2)简化业务办理手续,提高管理效率。企业微信开设了毕业生离校应用,将业务浓缩至网络平台,大大简化了办理流程,让学生不出寝室即可解决大部分问题。

(3)完善后勤服务,提高师生生活保障。企业微信实现了在线校园卡、在线网络管理等功能,为师生提供全方位的后勤保障。

7. 丰富校园服务应用场景,推动数字校园建设

越来越多的服务功能在校园内落地推广,企业微信为师生提供了更加便捷的校园服务,极大地方便了师生的学习、工作与生活。这些功能在为校园师生提供便捷化校园生活的同时,更加强了学校的规范化管理,提高了学校工作人员的工作效率。

第三节 虚拟技术及其在教育中的应用

教育是一个传授知识的过程。通过亲身经历能加速这一过程和巩固所传授的知识,为此而设计的很多方法中,虚拟现实技术是最有效

的,因为它允许学习者与现有的各种信息发生交互作用,经历不同的时间和空间。随着信息时代的发展,数字化三维虚拟仿真技术以其画面逼真精美、运行高效便捷、功能丰富实用、查询管理信息方便等特点逐渐应用在教学领域。

国际21世纪教育委员会向联合国教科文组织(UNESCO)在《教育——财富蕴藏其中》中明确提出了21世纪教育的"四个学会"——学会认知(Learning to know)、学会做事(Learning to do)、学会共同生活(Learning to live together)、学会生存(Learning to be)。这为面向21世纪教育的四大支柱,与我国素质教育的精神是一致的,须围绕这四种基本的学习能力来重新设计和组织,而虚拟现实可以:

(1)弥补现有教育经费、教学条件的不足。在现实教学中,有一些应当开设的教学实验由于实验设备、实验场地、教学经费等方面的原因无法进行。利用虚拟现实系统,可以弥补这方面的不足,使学生利用虚拟现实平台打造的仿真平台进行各种实验,获得与真实实验一样的体会,从而丰富感性认识,实验内容的变更可以根据需要通过修改软件系统来实现。

(2)避免真实实验或操作所带来的各种危险。传统的危险实验的操作方式往往是通过视频的方式来演示的,学生无法进行操作,获得感性认识,虚拟现实技术可以帮助学生们免除这种顾虑,学生在虚拟实验环境中,可以放心地完成各种危险的或危害人体的实验。例如,虚拟外科手术,带领医生进入虚拟情境中,避免因操作不当而造成的不可挽回的医疗事故;或者在虚拟化学实验中,能够避免爆炸或有毒实验材料给人体带来的伤害。

(3)突破时间、空间的限制,利用虚拟现实技术,可以彻底打破空间的限制。学生可以通过虚拟现实系统,进入虚拟的宇宙,观看天体的运动。也可以让学生进入虚拟的工厂,观察每个机器部件的工作情况及工厂的工作流程,虚拟现实技术还可以突破时间的限制,让学生观察一些需要几十年甚至上百年才能观察的变化。

(4)可以虚拟人物形象。如果想要创造一个充满学习气氛的环境,可以通过虚拟现实系统虚拟历史人物、优秀教师、历代伟人、当代名人、学生榜样、学术界人物等各种人物形象,创设一个人性化的学习环境,通过虚拟讲堂让学生与虚拟教师在虚拟情境中进行交流和讨论,在提升学生兴趣的同时,还可以打造自然、亲切的学习氛围。

全景课堂和VR/AR课堂。自从电影《阿凡达》推出以来，越来越多的电影采用了3D和MAX技术，电影不仅仅是在讲述一个故事，还会带给我们视觉上前所未有的观影震撼。试想一下，如果某一天，我们在科幻电影中看到的那些极其炫目的科技场面以及如超人、蜘蛛侠等飞天遁地的英雄人物突然出现在我们的面前，分不清是真实还是虚幻，这将会是怎样的一种视觉冲击和感官震撼？

2016年，业界最热门的词汇是VR和AR，前者指的是虚拟现实，后者指的是增强现实，虽然技术属性不同，但对于消费者而言，都是将虚拟和现实相互融合的新技术。

增强现实（Augmented Reality, AR），是一种实时地计算摄影机影像的位置及角度并加上相应图像、视频和3D模型的技术，这种技术的目标是在屏幕上把虚拟世界套在现实世界并进行互动。

虚拟现实（Virtual Reality, VR），是一种可以创建和体验虚拟世界的计算机仿真系统，它利用计算机生成一种模拟环境，是一种多源信息融合的、交互式的三维动态视景和实体行为的系统仿真，使用户沉浸到该环境中。

随着5G和人工智能技术的发展，VR和AR有了更多的应用领域，众多科技巨头都在探索和研究。比如5G的高传输速率可以解决VR游戏的一个痛点——眩晕感，能够重新激活VR游戏产业；5G下的VR直播能够让直播视频360°全景呈现，并且切合观众实时控制视角、高清自由缩放比例的需求。

对于教育行业而言，这类技术的出现，将为学生和老师创造一个前所未有的全新教学体验。以前老师上课都是讲PPT，用的是投影仪，看起来比较枯燥。通过VR/AR技术，可以将难以讲解的、无法亲身感受的教学场景，变成高仿真、可视化，可以身临其境感受和参与的虚拟场景，让学生通过感官来体会书本上描写的内容，让原本静静躺在书本上的文字、表格、图片及流程变得形象和生动，提高教学质量，降低教学成本。

为了保障教学效果和用户体验，VR/AR对网络带宽和时延的要求更高，只有5G网络可以满足。伴随大量数据和计算密集型任务转移到云端，未来"Cloud VR+"将成为VR/AR与5G融合创新的典范。凭借5G超宽带高速传输能力，可以解决VR/AR渲染能力不足、互动体验不强和终端移动性差等痛点问题，推动VR/AR在社交娱乐与教学媒体行业的广泛应用。

全息意思是完全信息，一种是光学意义上的全息，另一种是投影呈现领域的全息。其中，光学意义上的全息是利用光的干涉原理将整个物体发射的特定光波以干涉条纹的形式把物体的全部信息记录下来，并在一定条件下形成与物体本身很像的三维图像；投影呈现领域的全息则是利用光学传输特点，使数字影像在"空中"呈现，从而实现与真实物体在视觉空间上的"虚实融合"。

全息技术就像 VR/AR 技术一样，已经开始运用到诸多领域。在教育领域，学生可以带上全息眼镜走进所学习的环境中，去身临其境地接触以前无法看到的场景。

远程教育只是通过传输画面让学生听老师讲课，无法近身模拟学生在现场听讲的感受，当老师在做实验课时，远程视频只能让学生观看，而无法使学生获得更加立体化的体验，就像隔靴搔痒，总感觉差了一点儿意思。而这些在全息课堂都可以得到解决。

VR/AR 课堂和全息课堂最大的优势就是"沉浸式体验"，可以有效提高用户的知识感知度和保留度，有效提高教育质量。在国内，一些学校与电信运营商、设备厂商合作，已经开始了 VR/AR 课堂和全息课堂的探索。

2019 年北京教育装备展上，威尔文教公司展示了"VR 超感教室"，基于"5G+ 云计算 +VR"打造了便捷高效的端到端云计算平台，构建了 VR 智能教学生态系统。但由于技术难度、成本等多方面原因，目前在国内应用相对较少。未来，随着云端的技术持续突破，这一局面将得到改变，具有技术先发优势的企业将能更快地抢占市场。

一、数字校园与虚拟校园的建设

一所高校仅用简单的文字、图片及 Flash 动画展示和宣传自己的校园，是无法满足学校日益发展的需求的。那么高校如何将校园风光、实训设备、图书馆等教学设施生动地展现出来，让学生、家长和社会更好地了解校园情况呢？虚拟全景技术的引入就很好地解决了这个问题。虚拟校园是基于地理信息系统（GS）、遥感（RS）技术及虚拟现实技术构建的虚拟校园漫游系统，它将校园风光和学校地图有机地结合起来，让来访者足不出户就可以浏览校园风光。另外，学生还可以通过虚拟校园，直观地欣赏到教学楼、食堂、图书馆、宿舍等建筑，了解校园的整体布局和规划。因此,虚拟校园在校园风光展示、校园信息查询、校园文化展现、招生宣传、校园服务等方面发挥着重要的作用。

例如,香港理工大学的校园信息系统是一个较为成功的集虚拟现实技术、因特网和电子地图为一体的虚拟校园系统。人们可以浏览虚拟校园环境,利用虚拟图书馆查找和阅读期刊及书籍,通过访问虚拟实验室来使用计算机设备,通过虚拟教室进行网上学习。

二、教学实验

实验教学在对学生科学素质、创新能力与研究能力的培养方面起着非常重要的作用,是理论教学所不能替代的。但是长期以来由于实验课教学的单一性、实验课开课不足、教学设备陈旧、教育资金不足、危险性大、实验难以在实验室开展等原因,学生在做实验时缺乏个性和创造力,仅仅是按照实验指导书上的要求,按部就班地完成,不主动解决问题,机械地填写数据。更有甚者,缺乏实验兴趣,抱着敷衍了事的心理,认为实验只不过是对书本上的理论知识进行验证。

计算机的性价比和易用性的提高,使得虚拟实验室在教学、科普教育和技术研究领域的应用成为可能。虚拟实验室是指由虚拟现实技术生成的一类适于进行虚拟实验的实验系统,其包括相应实验室环境、有关的实验仪器设备、实验对象及实验信息资源等。虚拟实验室可以是虚拟构想成的实验室,也可以是某一现实实验室的真实实现。多媒体计算机技术与仪器技术的结合构成了虚拟实验室的基础,学生可以在计算机屏幕上通过场景式图形界面拥有自己的实验室,也可以利用虚拟仪器技术与认知模拟方法赋予实验室智能化特征,使学生可以不受时空限制,身临其境地观察实验现象。在虚拟实验室中,实验者有逼真的感觉,他的感觉是真正地在现实实验室里近距离地进行现场操作。

三、教学课件

传统的多媒体课件是以文字、图片、视频、声音为载体向学生传递教师要讲授的知识,在教学中发挥了巨大的作用。但是,它也存在着一些不足之处,表现在两个方面:一是传统的多媒体课件只能以平面的方式展示知识,不能展现抽象的三维形体和行为;二是缺乏交互性,传统的多媒体课件主要是用于课堂知识展示,学生仅能被动地听、被动地看、被动地记笔记。如果将虚拟现实技术用于多媒体课件的制作,可以克服传统多媒体课件的不足之处,达到为学生建构三维的、多媒体集成的、境界逼真的学习情境的目的,有利于学生理解空间性、抽象性较强的教学内容。例如,飞行员学习飞机驾驶课程,由于条件的限制,部分学生可能无法得到实际操作的机会。但是,学生的掌握度在很大程度上取决于练习的程度。如果将虚拟现实技术开发于模拟飞机驾驶的多媒体课件,那么学生能够通过不断地操作和练习来提高飞机驾驶的技术。

对于教师而言,就是需要通过"创设教学情境",以直观的方式再现书本知识所表征的实际事物或者实际事物的相关背景,解决学生认识过程中的形象与抽象、实际与理论、感性与理性以及旧知与新知的关系和矛盾。之前,老师们借助课本、音频、视频、多媒体课件等手段,对抽象的事物具体化,尽可能地创设与自身课堂相匹配的情景。而今,借助虚拟现实技术,我们似乎更加易于达成了。汽车学院的老教授曾经说过,要想认识发动机,最好就是搬一台发动机到课堂上,对着实物讲解,但这注定是不易实现的,而如果借助虚拟现实技术,我们不但可以把发动机"搬"到课堂,还能够对发动机进行进一步的拆卸和分解。这种全新的、更注重于师生交流和互动的课堂模式可以很好地解决学生长时间面对屏幕的无聊枯燥,可以使学生更加真实地融入课堂,极大地提高学习效率,也可以很好地表现出 VR 技术的真实性。

虚拟现实课件比一般多媒体课件有更好的交互性,可以让用户在虚拟现实构建的虚拟场景中随着个人的意愿自由地游走,使用户产生完全沉浸感,融入虚拟的学习情景中去。例如,"DNA 的摄取与整合"的课程。由于 DNA 过于微小,无法在显微镜下观察到,因此学生们无法通过实际操作来感受这个过程。教师只能通过模型摆放、图片展示、动画演示进行理论讲解。而这种传统多媒体教学方式只能帮助学生从理论上认识"DNA 的摄取与整合",不能帮助其从实践层面更好地理解和认知,如果将"DNA 的摄取与整合"以虚拟现实的方式嵌入多媒体课件中,学生一方面可以听教师的理论讲解;另一方面可以动手模拟"DNA 的摄取与整合过程,从而加深对这个知识点的认知。

第四节　人工智能在教育中的应用

人工智能时代已经到来,"人工智能＋教育"将贯穿教育的方方面面,并不断改变教育形态和存在形式。教师是立教之本,兴教之源,师范生人工智能素养是未来教育变革的第一动力。师范教育作为教育事业的工作母机,在推动教育变革、改进教育教学模式中起基础和关键作用。本节主要介绍人工智能技术在师范生教育教学中的一些应用。

一、智慧教育

（一）智慧教育的应用场景

智慧教育的应用体现了人工智能在教育行业的价值,开创了教育的新型模式。智慧教育结合教育行业的特性,运用关键技术和智慧教育平台,实现了人工智能与教育的深度融合,促进了教育信息化的变革。下面列举几个应用场景。

1. 精准教学

精准教学是从辅助教师教学的角度出发,涵盖了备课、授课、作业、辅导、教研等多个教学流程,实现了对学生学情的精准分析、教学资源的精准推送、课堂互动的即时反馈、数据留存、智能辅导与答疑、课堂的录制与分析、网络协同教研等,较大程度地减轻了教师的教学负担,提高了教学的效率和针对性。

2. 智能学习

智能学习是学生在智能技术支撑下的新型学习模式,它通过学习路径规划的业务服务来制定学习的目标及学习步骤;通过个性化学习、协作式学习、沉浸式学习和游戏化学习等方式构建新型学习形态;通过对学习过程中的学习负担监测与预警来保障学生学习中的心理感受。其中,最具代表性的产品是百度VR智慧课堂,它不仅可以为学生提供良好的学习体验,还可以减轻学生的学习负担。

3. 智能考试与评价

考试与评价是衡量学生学习效果,促进学生全面发展的重要方法,也是学校教学的重要环节。通常,考试与评价工作涉及组卷、监考、阅卷、考试分析、综合素质评价等多项内容,往往会占用教师较多的时间和精力。而智能技术可以辅助教师进行科学、高效的考试与评价工作,这在一定程度上减轻了教师的工作负担,为教师布置下一步教学任务提供了较大的帮助。

(二)智慧教育的典型案例——VR智能实验室

VR智能实验室是由百度研发的一款智慧教育产品,它可以为高校搭建用于教学和科研的VR场景,同时可以为高校培养一站式"复合型"人才提供培养方案。

在高校教学方面,VR智能实验室提供了全新的教学辅导工具和教学方式,且可还原经典理论模型,实现教学创新,助力于教育信息化。在高校科研方面,VR智能实验室提供了全新的实验场景搭建方法和数据采集方法,可用于需要进行情景还原、变量控制和数据采集等操作的科学研究。

相较于传统的实验室,VR智能实验室具有如下优势:

(1)实验室利用率高。该VR智能实验室能够打破技术、平台、设备的瓶颈,为各学科提供联合实验场所,促进专业间的相互沟通协作,实现通用高校实验室。

(2)可以配置场景内容。该VR智能实验室可以提供灵活且自由配置的实验场景,打破固定场景的限制,更加符合教学和科研需求。

(3)积累真实教学数据。VR智能实验室能够为学院构建自有的真实教学数据积累平台,可以长期有效地积累数据,形成特色数字资产,为学院的长期发展提供有力支撑。

(4)获得可靠的实验数据。VR智能实验室便于获得可靠的实验数据。可靠的实验数据为教师的学术理论研究和教学效果评估提供了有效的支撑,还有利于提升教师的科研水平,促进科研成果的产出。

(5)配备专业眼动仪设备。VR智能实验室配备的专业眼动仪设备可以自动检测、上报、采集眼动和点击选择数据,形成用于分析的数据报表,增加实用性和研究性。

(6)灵活可携带。VR智能实验室对场地要求低,不仅可以在教室和实验室使用,还可以外出携带使用,可随时随地进行实验操作。

二、人工智能在教育中的其他应用

AI用于教育,其实还有很多方面的应用,比如现在提到的用于基础教育领域的"智能语音评测系统",该评测系统由"命题系统""考务系统""现场考试系统""阅卷评分系统"等部分构成,在英语听说考试中已得到有效应用。相对于传统考试,这样的智能评测系统有着不少的优势:第一,在评分技术上,解决了人工阅卷主观性强、评分标准不定的问题,进一步推动了评分结果的公平、公正;第二,大幅提高口语考试阅卷速度,降低了相应的成本及实施难度,促进口语考试的良好发展;第三,该技术能够从发音标准度、发音缺陷检测、口语实际应用能力等多个维度进行详细评估,客观全面地反映出学生的口语水平;第四,应用人工智能技术进行在线实时评分,使自适应考试成为可能,自适应考试拥有更加精确的评估水平,为此,它也将成为未来考试的发展趋势;第五,质量检测技术应用于考试设备终端,能够在考生口语采集环节中避免设备故障或人为原因造成录音失败等情况,进而提高口语考试的成功率。

在当前的高等教育中,人工智能也有着越来越重要的应用。密歇根大学建立了人工智能实验室,其目的是研究并开发相关辅助技术,特别是帮助那些拥有身体或认知水平缺陷的障碍人士(其研发的项目之一:设计计算机界面,理念是自动调整来满足视力障碍人士的实际需求);剑桥大学人工智能集团(AIG),其建立是基于多元学科(基因组学、计算机理论、非正式推理等)来设计算法,目的是为实现机器模式识别问题的解决以及相应模型的实际应用等。

第五节　大数据在教育中的应用

一、教育大数据背景下的课堂教学

美国教育部在 2012 年 10 月发布的《通过教育数据挖掘和学习分析促进教与学》报告中提到，大数据在教育领域的应用将主要围绕在教育数据挖掘以及学习分析两大方向。这两大方向为课堂教学带来了三个层面的改变：记录分析教学与学习过程、实现教师的个性化教学、支持学生的自适应学习。此外，美国高等教育信息化协会（EDUCAUSE）在 2019 年 2 月发布的《2019 教学关键议题》中强调教学与学习经验设计、可取得的全体共同学习设计、能力学习成果的评估新方法等议题。4 月发布的《地平线报告：2019 高教版本》中，也提及了基于大数据的学习分析，将会是短期内在教学上的重要发展与课堂应用重点，教师在课堂中的良好教学设计能力技术以及适合学生的混合学习设计会是 1～2 年内所面对的挑战。综合而言，在教育大数据技术与应用发展中，各方趋势与报告都共同点出了对课堂教学的直接或间接影响。从教师教学方面来看，至少面临了三方面的挑战。首先，在课堂教学设计中，在教学与学习数据的采集与分析支持下，教师需要更贴合实际学科教学，来设计与专业领域知识及能力有关的实践环节。其次，教师需要运用基于任务、能体现学生多元能力的教学策略，来激发学生的学习兴趣，增进学习成效，影响正向的学习行为。第三，通过数据的记录与分析，教师应能够适时调整自己的教学内容与活动，以适应不断变化的学习者习惯及需求。基于这三方面的挑战，我们可以进一步延伸思考在课堂教学应用中教师所面临的问题：如何选择海量多元的教学资源并应用于课堂教学与学生学习？学习的资源与机会已不限于教室中，如何设计有效、能延伸的课堂学习活动？学生们能力特质都不同，如何掌握学习进展、给予个性化的指导？

从课堂教学前的资源准备与教学设计，课堂教学过程中的师生互动与学生参与，到课堂教学后的学习追踪诊断与个性化引导，在妥善利用教育大数据的采集、汇整、分析、应用下，能够渐渐形成一个不断迭代演进的教学闭环；基于历史数据分析来调整、制订课堂教学设计→弹性开放且能灵活调整的教学、自主开放的学习模式→自适应的测试与个性化的学习诊断追踪→基于历史数据分析再次调整课堂教学设计……

二、基于教育大数据的教学应用模式

要想提升学生的学习感受与成效，推进教育教学的创新，核心仍然围绕在教师的教学模式与应用上。若缺乏完善的课堂教学思路与设计（包括课前、课中、课后），学生难以在课堂中实际体验到教育大数据带来的便捷与支持。那么，有哪些课堂教学模式是基于教育大数据的特性，且能够让教师参考、调整、应用到自己的课堂中呢？

（一）个性化分组学习

从分组教学及组员特质来看，可以大致分为同质性分组与异质性分组两种类型。过去，教师在进行分组协作学习活动时，常常因为对每位学生的能力特征理解不足、面授课时间有限或课程人数规模较大等原因影响教学活动的进行与成果。通过对学生的教育大数据进行收集、汇整和分析，教师可依据自己的教学需求，引导或规定学生的分组规则及成员，运用问题型导向的讨论、共享、报告任务，并给予不同特性、能力的组别合适的学习资源与指导，达到个性化分组学习的目的。其中需要注意的是，教师应定时通过学习分析及诊断来了解学生的学习进展，适时调整组员与组别，进一步提升分组学习的实际应用效果。

（二）交错式自主开放学习

教师可以在课前将每个学习活动和教学资源开放，并通过合适地交错课程知识点与学习单元、每堂上课内容，让核心知识系统性地反复出现，除了让学生能有自行接触、探索课程内容的机会外，也随着教师的课堂教学进度逐步加深对知识体系的深化学习。此外，除了让学生自主学习，教师也可选择将所有知识点与学习活动作为个别关卡，设置每个关卡的基本达标要求，并基于知识体系将所有活动串联起来，形成能让学生自主闯关的教学应用模式。这种教学模式的设计核心在于教师以专家角度提供完整知识体系与个别知识点,并将学习自主权交还给学生,由学生自行掌控学习进度与挑战速度,教师则通过大数据汇整后的学习分析,实时掌握每位学生的学习进展,观察到不同学习者在不同关卡的完成度,以适时根据学生的卡关状况提供合适的指导与资源。以台湾东海大学的 SMLE 智慧校园建设为例,该校考虑基于教育大数据的教学模式革新趋势及需求,以 TronClass 创新教学管理系统为根基,为教师教学、学生学习、课程管理、教学评价打造了 iLearn 爱学网平台。例如,有教授在自己的课堂中开放了所有教材资源,设计了交错式的课程单元内容:课程开始前,学生通过课堂预告与线上公告,也可自主上线或通过手机 App 随时取得所需的课程资源进行预习或复习先前内容;教师则可在平台上观察行为记录,了解学生可能的关注点。在课堂中,按照单元内容安排,进行讲授、讨论互动、实时答疑,并搭配线上的课后作业让学生进行反思沉淀。这种交错式的自主开放学习模式,让学生有更多的学习自主权,且不必担心是否无法跟上教学进度,而教师则能依据教学资源的使用记录与学生学习行为分析,按照原有的交错教学方式,有的放矢、适时地补充课程材料及调整进度,提高教学与学习的效果。

（三）游戏化翻转课堂教学

简单来说,游戏化是指在非游戏的领域应用游戏的核心要素,以强化参与动机,让参与者有更好的表现。因此,游戏化不等于游戏,也并非指特定电脑软件或模拟场景的工具,而是将游戏要素融入目标领域中,发挥游戏要素的特性,进而容易达到设定的目的。常见的教学游戏化是透过积分、徽章、排行榜（Points、Badges、Leaderboards，PBL）三大元素来融入课堂教学中,提高学生学习动机,激发主动学习行为,翻转原本的教师单向课堂讲授模式,由学生自发地先行接触课程内容。以课前、课中、课后的学习数据记录为基础,在课堂互动中运用实体或虚拟的点数积分作为积累的基本单元,随着分数的成长,用实体或虚拟徽章呈现学习进度与阶段性成就,并通过排行榜让学生实时了解自己与他人的相对成就,促进学生反思自己的学习,提高学生持续参与、提升学习表现的动机。

　　智园教育研究院（Wisdom Garden Educational Research Centre，WGERC）致力教育趋势、教育策略、教学实务的应用与研究，长期与高等教育、普通教育、职业教育等学校合作开展教育科研以及教师信息化教学培训。WGERC 在与各校的合作过程中，融合信息化培训科研的经验与教师学科教学方法，在一些高校课程与培训课程中应用游戏化的翻转教学模式。在课程一开始，教师运用校园生活经验结合课程主题为同学介绍课程，配合使用 App 进行选人、抢答等活动进行课堂气氛的破冰，鼓励同学发言、参与讨论、进而分享自己对课程内容的学习经验。在学生个人或分组进行报告时，教师可依据学生的课堂表现实时打分，并同时使用互动教学 App 或 Web 版平台随时发起教学反馈收集活动，实时收集学生对同学表现的想法与反馈来进行投票，鼓励全班学生积极参与。老师可选择当下公布投票结果，给予报告者或报告组来自全班的评价，并解读结果，给予补充信息，与学生一起做总结。这些课程前后的参与数据，都能形成学习者的积分记录，让学习者了解自己的学习进度，激发课堂参与的动力，让师生互动效果更佳，培养学生自发性的学习态度。

（四）自适应测试应用

　　过往的测试通常是让所有学生回答同一份试题，在多元智能的观点中，此举容易造成无法准确评估、测量学生真正能力与特质的偏差，进而影响教师对学生学习状况与难点的判断，难以给予学生合适的教学资源和干预。自适应测试则是指由学生每次答题的选择（选项或回应内容）与结果（正确与否、偏差程度等），根据默认的初始知识体系，判断学生当下可能出现的误解或困惑，呈现更有挑战性或是略微简单的题目。自适应测试通过反复的验证与积累，除了让自适应体系更完善、能更准确判断学习者当下状态，以提供较合适的测试题目内容外，也能复盘初始默认的知识体系（通常会先结合专家意见、经验法则、既有体系等内容来制订），让学科或特定领域的专业内容能持续演进成长，自形成学习有机体关于自适应测试的实务应用，基于计算机自适应测评系统（Computerised Adaptive Testing，CAT）的 GRE 和 TOEFL 考试便是很好的案例，而 CAT 所依赖的测评理论"项目反应理论"（Item Response Theory，IRT）是心理测量学的重要根基，有逾四十年的理论研究基础，发展已相当完善。自适应测评在测验过程中不单只是呈现题目、输入答案、自动评分、得出结果，而是根据学生对试题的不同回答，自动选择最合适的试题让学生接着回答，通过对每一题的调整，最终对应答者能力做出最接近的评估。简单来说，自适应测试是因人而异的测试。

虽然这样的测试方式与范围目前较局限于特定领域内容（例如数学、英语等），且形式仍偏向通过系统实现的试题型测试，而非从多维度、用多种方式来了解、评测学习者学习成就；但随着国内外对成功导向教育（Outcome-Based Education）与学习者多元智力理论的重视，在课堂教学中的学习成就评估，将不限于知识类的测试。通过测试记录与结果分析，配合教师在课堂教学现场的观察、互动、反思记录，让教师从多个维度去检测学生的能力，目的在于让学习者情感、课堂内外展现的技能方面都将有所成长与突破。

（五）个性化学习诊断

个性化学习诊断系统在线上线下、课内课外的教育大数据采集与分析的条件下，可以形成每位学习者的学习者画像，并根据不同学科或课程要求，比对由教学目标所形成的能力指标图，产生个性化的学习诊断报告。学校管理决策者、教学者可有效得知学习者的阶段、总结性能力成长状况，适时采取必要的支持或干预行动，甚至可能需要调整院系课程的人才培养方案内容，以发展出适合该专业及该课程的知识能力体系。而学生则能随时审视自己的学习进展，了解自己与专业或课程要求的匹配程度，保持自己的强项，提升自己的弱项，并依据科学化的参考数据与分析，为自身的专业选择和职业生涯规划提供参考，及早调整自己的学习发展方向与节奏。

参考文献

[1] 傅钢善.现代教育技术 [M].2 版.北京：高等教育出版社,2021.

[2] 陈琳,陈耀华.教育信息化概论 [M].北京：科学出版社,2021.

[3] 周效章.信息化教学技术与方法 [M].北京：中国农业出版社,2020.

[4] 夏翼,马春红,王林浩.信息技术 [M].北京：航空工业出版社,2020.

[5] 徐燕,伏振兴,李兆义.信息技术与现代教育手段 [M].北京：阳光出版社,2018.

[6] 潘庆红,陈世灯,吴大非.现代教育技术 [M].北京：中国铁道出版社,2018.

[7] 吴彦文.信息化环境下的教学设计与实践 [M].北京：清华大学出版社,2018.

[8] 张贞云.教育信息化 [M].青岛：中国海洋大学出版社,2018.

[9] 聂凯.移动网络课堂与信息化教学资源的传播分析 [M].成都：四川大学出版社,2018.

[10] 田春艳,何春钢.现代教育信息化理论的整合与创新研究 [M].西安：西安交通大学出版社,2018.

[11] 姜永生.信息化教学概论 [M].北京：中国铁道出版社,2018.

[12] 柳宏坤,杨祖逯,苏秋侠,等.信息资源检索与利用 [M].上海：上海财经大学出版社,2017.

[13] 陈娟.信息技术与课程教学深度融合研究 [M].北京：中国铁道出版社,2017.

[14] 张蕾.信息化环境下移动课堂教学模式研究 [M].长春：东北师范大学出版社,2017.

[15] 和汇. 信息化教育技术 [M]. 北京：科学出版社, 2008.

[16] 胡钦太. 融合与创新：教育信息化理论发展 [M]. 北京：高等教育出版社, 2017.

[17] 黎茂昌, 潘景丽. 新课程小学英语教学理论与实践 [M]. 成都：四川大学出版社, 2011.

[18] 李雁冰. 课程评价论 [M]. 上海：上海教育出版社, 2002.

[19] 李艺. 信息技术课程与教学, 北京：中央广播电视大学出版社, 2011.

[20] 罗文浪. 现代教育技术 [M]. 北京：北京理工大学出版社, 2015.

[21] 孟丽华, 武书敬. 网络环境下大学英语教师专业素质发展研究 [M]. 北京：外语教学与研究出版社, 2015.

[22] 庞维国. 自主学习——学与教的原理和策略 [M]. 上海：华东师范大学出版社, 2003.

[23] 霍望, 钟晓燕. 教育信息化概论 [M]. 重庆：西南师范大学出版社, 2012.

[24] 任美琴. 中学英语有效教学的一种实践模型 [M]. 宁波：宁波出版社, 2012.

[25] 王继新. 信息化教育概论 [M]. 武汉：华中师范大学出版社, 2006.

[26] 王素荣. 教育信息化：理论与方法 [M]. 北京：社会科学文献出版社, 2006.

[27] 王旭卿. 信息技术教育应用技能 [M]. 上海：上海教育出版社, 2011.

[28] 吴军其, 胡文鹏. 新理念信息技术教学论 [M]. 2 版. 北京：北京大学出版社, 2013.

[29] 李青. 移动学习设计 [M]. 北京：中央广播电视大学出版社, 2015.

[30] 宋光辉, 郭红霞, 周效章, 等. 现代教育技术 [M]. 成都：电子科技大学出版社, 2015.

[31] 赵波, 段崇江, 张杰. 信息技术课程标准与学科教学 [M]. 北京：科学出版社, 2014.

[32]〔加〕穆罕默德·艾利,〔希〕阿维古斯特斯·提森纳克斯. 通过移动学习增加教育机会 [M]. 王迎, 陈海山, 侯松岩, 译. 北京：科学出

版社,2015.

[33] 雷体南,王锋.现代教育技术教程[M].武汉:华中科技大学出版社,2010.

[34] 徐晓雄,李丽美,刘岩,等.社会性软件促进大学生非正式学习的理论与实践[M].武汉:武汉大学出版社,2015.

[35]雷体南,汪家宝,李新平,等.现代教育技术教程[M].3版.武汉:华中科技大学出版社,2016.

[36] 祝智庭,李文昊.新编信息技术教学论[M].上海:华东师范大学出版社,2008.

[37] 陈耀华.提升教师信息化教学力的中国路径及优化发展[J].中国电化教育,2020(12):99-104.

[38] 何文涛,庞兴会,朱悦,等.人工智能时代中小学教师信息化教学能力发展现状与提升策略[J].现代教育技术,2022,32(3):92-101.

[39] 关楠楠.人工智能时代教师信息化教学能力提升研究[J].广东第二师范学院学报,2021,41(5):62-71.

[40] 谢爱莲.数字校园网助力立体化教材建设与实践研究[J].通讯世界,2018(4):282-283.

[41]蔡宝来.信息技术与课程整合研究进展及未来走向[J].课程·教材·教法,2018,38(8):133-143.

[42] 严轶群.信息技术与数学教学深度融合范例研究[D].乌鲁木齐:新疆师范大学,2020.

[43] 刘习军,张素侠,崔福将,等.虚拟仿真实验在教学中的应用[J].高教学刊,2019(26):115-117.

[44] 肖睿,肖海明,尚俊杰.人工智能与教育变革:前景、困难和策略[J].中国电化教育,2020(4):75-86.

[45] 冯锐,孙佳晶,孙发勤.人工智能在教育应用中的伦理风险与理性抉择[J].远程教育杂志,2020,38(3):47.

[46]Alexander B. Going nomadic: Mobile learning in higher education. Educause Review,2004,39(5):28-35.

[47]Frohberg D., Göth C., & Schwabe, G. Mobile learning projects-a critical analysis of the state of the art. Journal of Computer Assisted Learning,2009,25(4):307-331.

[48]Gupta B. & Koo Y. Applications of mobile learning in

higher education: An empirical study. Journal of Information and Communication Technology Education, 2010,6（3）: 75–87. doi: 10. 4018/jicte. 2010070107.

[49]Hung J. L., & Zhang K. Examining mobile learning trends 2003–2008: A categorical meta–trend analysis using text mining tech– niques. Journal of Computing in Higher Education,2011,24（1）: 1–17.

[50]Kinash S., Brand J. & Mathew T. Challenging mobile learning discourse through research: Student perceptions of Blackboard Mobile Learn and iPads. Australasian Journal of Educational Technology, 2012, 28（4）: 639 –655.

[51]Lim T., Fadzil M., & Mansor N. Mobile learning via SMS at Open University Malaysia: Equitable, effective, and sustainable. The International Review of Research in Open and Distance Learning,2011, 12（2）: 121 –137.

[52]Livingston A. The revolution no one noticed: Mobile phones and multimobile services in higher education. Educause Quarterly,2009,32（1）.

[53]Ng W., & Nicholas H. A framework for sustainable mobile leaming in schools. British Journal of Educational Technology,2013,44（5）: 695 –715.

[54]Osman M. H., & Cronje J. C. Defining mobile learning in the higher education landscape. Educational Technology & Society,2010,13（3）: 101–110.

[55]Solvberg, A. A., & Rismark, M. Learning spaces in mobile learning environments. Active Learning in Higher Education,2012,13（1）: 23 –33.

[56]Wilson S., & McCarthy G. The mobile university: From the library to the campus. Reference Services Review,2010,38（2）: 214 –232.